Success15 fifteen

サクセス15
April 2013
4

http://success.waseda-ac.net/

■ CONTENTS ■

REGULAR LESSONS

受付中!!

お気軽にお問い合わせください。詳しい資料をすぐにお送りします。

新中1～新中3 新小5K・新小6K 春期講習会

学年が変わるこの時期こそ、４月からの勉強でライバル達に圧倒的な差をつける絶好機です。早稲田アカデミーでは、旧学年の範囲を徹底的に総復習し、また、新学年の先取り学習も積極的に取り入れ、新学年へのスムーズな移行を図ります。

コース		授業料	
		塾生	一般生
新小5	K（英語・算数・国語）	9,800円	12,000円
	K（理科・社会）	3,300円	4,000円
新小6	K（英語・算数・国語）	15,000円	18,000円
新中1	３科（英語・数学・国語）	16,000円	19,000円
新中2	３科（英語・数学・国語）	24,000円	27,500円
	理科・社会	18,000円	20,500円
新中3	３科（英語・数学・国語）	28,000円	31,500円
	理科・社会	18,000円	20,500円

※小5K・小6K…公立中学進学コース（中学受験をされない方のためのコース）

新中2・新中3 全８日間 3/26㊋～4/3㊌
※3/30(土)はお休み。
埼玉地域 3/27㊌～4/3㊌

新小6K・新中1 全６日間 3/26㊋～4/1㊊
※3/30(土)はお休み。
埼玉地域 3/27㊌～4/1㊊

新小5K 全６日間 3/26㊋～4/1㊊
※3/30(土)はお休み。
埼玉地域 3/27㊌～4/1㊊

学力別少人数クラス
学力別少人数クラス編成で、効率のよい学習成果をお約束します。

レベル別教材
全ての角度から厳選された、各レベルに適したテキストを使用します。
また、旧学年の復習と新学年の予習をバランスよく取り入れてあります。

94名合格

7校定員 1610名

合格者数は今後未判明分や繰り上げ合格で増加すると予想されます

女子私立最難関 5年連続全国No.1

慶女高 82名合格 定員100名

●No.1表記は2/25大手各塾の公式サイト比較より
●2/25 20：00現在判明分

早大学院 241名 定員320名	早大本庄（2次） 340名 定員320名	中大杉並 168名 定員300名	中大附属 81名 定員230名
豊島岡女子 84名 定員90名	渋谷幕張 116名 定員100名	明大明治 128名 定員100名	立教新座 345名 定員98名

☎ 03（5954）1731 まで。詳しい資料をすぐにお送りします。パソコン・携帯で 早稲田アカデミー 検索

information
ーインフォメーションー

早稲田アカデミー
各イベントのご紹介です。
お気軽にお問い合わせください。

新中1 新中1学力診断テスト 無料

中学校へ入学する前に実力と弱点を把握しよう！

3/20 祝

ネット・携帯で簡単申込み!!

▼会　場
早稲田アカデミー各校舎
（WAC 除く）
▼時　間
10：00 ～ 12：40

※校舎により時間が異なる場合がございます。

詳しい成績帳票で個別の学習カウンセリングを実施。成績優秀者にはプレゼントも！

算数（数学）・国語・英語・理科・社会の定着度を総合的に診断します。

・到達診断テストⅠ（算数・数学）	40分
・到達診断テストⅡ（国語・英語）	40分
・到達診断テストⅢ（理科・社会）	40分
・新中１オリエンテーション	20分

新 保護者対象 同時開催
中1ガイダンス 無料

情報満載！早稲アカが教えます。

・中1学習の秘訣
・普通の子が伸びるシステム
・部活と塾の両立のカギ
・地域の中学校事情や入試制度

3/20 祝

※ ガイダンスのみの参加も可能です。
※ お申し込みはお近くの早稲田アカデミーまでお気軽にどうぞ。

※お申し込み・お問い合わせは、お近くの早稲田アカデミー各校舎までお気軽にどうぞ。

新中2 新中3 日曜特訓

お申し込み受付中
お近くの早稲田アカデミー各校舎までお気軽にどうぞ

一回合計５時間の「弱点単元集中特訓」！

4月～7月 実施

難問として入試で問われることの多い単元は、なかなか得点できないものですが、その一方で解法やコツを会得してしまえば大きな武器になります。早稲田アカデミーの日曜特訓は、お子様の「本気」に応える、テーマ別集中特訓講座。選りすぐりの講師陣が、日曜日の合計５時間に及ぶ授業で「分かった！」という感動と自信を、そして揺るぎない得点力をお子様にお渡しいたします。

中2必勝ジュニア

「まだ中２だから……」なんて、本当にそれでいいのでしょうか。もし、君が高校入試で早慶など難関校に「絶対に合格したい!」と思っているならば、「本気の学習」に早く取り組んでいかなくてはいけません。大きな目標である「合格」を果たすには、言うまでもなく全国トップレベルの実力が必要となります。そして、その実力は、自らがそのレベルに挑戦し、自らが努力しながらつかみ取っていくべきものなのです。合格に必要なレベルを知り、トップレベルの問題に対応できるだけの柔軟な思考力を養うことが何よりも重要です。さあ、中２の今だからこそトライしていこう!

中3日曜特訓

受験学年となった今、求められるのは「どんな問題であっても、確実に得点できる実力」です。ところが、これまでに学習してきた範囲について100%大丈夫だと自信を持って答えられる人は、ほとんどいないのではないでしょうか。つまり、誰もが弱点科目や単元を抱えて不安を感じているはずなのです。しかし、中３になると新しい単元の学習で精一杯になってしまって、なかなか弱点分野の克服にまで手が回らないことが多く、それをズルズルと引きずってしまうことによって、入試で失敗してしまうことが多いものです。しかし、真剣に入試を考え、本気で合格したいと思っているみなさんに、それは絶対に許されないこと! ならば、自分自身の現在の学力をしっかりと見極め、弱点科目や単元として絶対克服しなければならないことをまずは明確にしましょう。そしてこの「日曜特訓」で徹底学習して自信をつけましょう。

本部教務部 03（5954）1731 までお願いいたします。

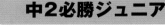

トウダイデイズ

現役東大生が東大での日々と受験に役立つ勉強のコツをお伝えします。

Vol.001

時間を上手に使い
受験まで計画的に過ごそう

text by 平（ひら）

はじめまして。今回から「トウダイデイズ」を担当する、現在、東京大学理科Ⅰ類１年生の平（ひら）です。好きな科目は物理、もし試験がなければ好きな教科は英語です。

中高一貫校出身なので高校受験はしていないのですが、このコーナーでは読者の方へ向けて、受験勉強にも通じる勉強法や、私の東大での出来事や発見などをお話ししていきます。どうぞよろしくお願いします。

さて、もうすぐ中３になるみなさんは受験まであと約１年です。長いと思いますか？　短いと思いますか？　長いと思う人は、成績に余裕のある人で、短いと思う人は逆に、焦っている人だと思います。

現在成績が伸び悩んでいる人も、私の経験上、１年あれば受験勉強はなんとかなります。１年という時間はみんなに公平に与えられているので、その使い方が大切です。

というわけで、今回は時間の使い方についてお話しします。受験生にとっては、テストの攻略法など、実戦的な話を聞きたいと思うかもしれませんが、まずその前に、「基本」を身につけてほしいと思います。１年間を計画的に過ごすためにも、受験生活における時間の使い方で気をつけるべきことを、３つお伝えします。

１つ目は「勉強時間は区切って集中すること」。時間は公平だと先ほど言いましたが、同じ時間でも、集中する具合によって取り組める分量は全然違います。ダラダラ勉強すると、勉強自体も進まず、リフレッシュする時間までなくなってしまいます。

さらには勉強をした気になるので、頑張っているのに成績が伸びない、というつらい状況に陥ることもあります。「やるときはやる」、基本ですが大切なことです。

２つ目は「暗記はコツコツと定期的に」。一度に集中して暗記しても、人は必ず忘れます。１週間も経てば、たった１回覚えただけの単語を思い出せる人の方が珍しいのではないでしょうか。

英単語や地名など、覚えないと問題を解くことができない科目は多いので、受験勉強において暗記は重要です。暗記のポイントは別の機会にお話しするとして、重要なことは、反復することです。１日に少しでも時間を割りあて、何度も繰り返して覚えましょう。

そして３つ目です。「睡眠時間を確保すること」。夜ふかしは記憶の定着によくないという話もよく聞きますし、夜遅くまで起きて勉強することは、効率が悪いのでおすすめしません。朝起きられなかったり、学校に行っても午前中ぼんやりしてしまうなんてこともあります。

ここまで、受験生活で気をつけてほしいことを３つあげましたが、どんな心構えも、自らが勉強しようと思わなければ無駄になってしまいます。まずは受験生としての自覚を持ちましょう。

これからの１年間、長いか短いかは人によりけり、逆転するチャンスはまだまだあります。１年先に笑えるよう、気合いを入れて準備を進めていきましょう。

▶▶ 受験生としての自覚を持とう

WASEDA

早大生、慶大生に聞いた

早稲田大学・慶應義塾大学

日本を代表する私立大学といえば、なんと言っても早稲田大学と慶應義塾大学。
今号では、両大学の系列校出身の現役大学生から大学の様子と、
高校時代でのお話しを聞きました。

KEIO

早稲田大学

１８８２年、大隈重信が前身である東京専門学校を創設したのが早稲田大学の始まりです。学問の独立、学問の活用、模範国民の造就《ぞうしゅう》を建学の精神とした早稲田大は2013年現在、13学部22研究科を有し、5万4000人を超す学生数（大学院生含む）を誇る名実ともに巨大な総合大学となっています。

大隈重信の「人生１２５歳説」に基づき、早稲田大では１２５周年を迎えた2007年を第二の建学と位置づけ、早稲田から「ＷＡＳＥＤＡ」へと進化を遂げています。

言葉や文学について広く深く学ぶ国語国文学科

教育学部国語国文学科　2年
高橋《たかはし》　明宏《あきひろ》

現在、教育学部国語国文学科の2年です。高校のときに受けた国語の先生の授業がおもしろくて、この学科を選びました。

国語国文学科は早稲田キャンパスにあり、正門から入ると一番奥に位置しており10分ほどかかります。正門から遠いのですが、近くに図書館があるのが利点です。教育学部の建物はとにかく古くエスカレーターがありません。

特徴的な講義として、1年と3年で「日本語学」という日本語の文法や敬語を学ぶ講義があります。発音やアクセントなど、日本語をいろいろ分解して学んでいきます。そのほか、源氏物語や万葉集、松尾芭蕉など、さまざまな年代の文学作品を取り上げた講義があります。

国語国文学科は、僕らの学年はクラスが４つあります。1年のときはクラス単位で受ける必修の講義が多かったので、クラスの人とは自然に仲よくなります。高校のときのような感じです。2年になると必修の講義が少なくなるので、自分の取りたい講義を受けます。

早稲田大出身の
有名人
（抜粋、順不同）

総理大臣

森 喜朗	第85、86代内閣総理大臣
福田 康夫	第91代内閣総理大臣
野田 佳彦	第95代内閣総理大臣
	その他

国会議員

岸田 文雄	衆議院（自民党、現外務大臣）
下村 博文	衆議院（自民党、現文部科学大臣）
安住 淳	衆議院（民主党、前財務大臣）
渡辺 喜美	衆議院（みんなの党、現代表）
	その他

スポーツ選手

青木 宣親	（野球選手）
ディーン元気	（陸上やり投げ・ロンドン五輪代表）
徳永 悠平	（サッカー選手）
岡田 武史	（サッカー前日本代表監督監督）
	その他

芥川賞受賞者

綿谷 りさ	「蹴りたい背中」
堀江 敏幸	「熊の敷石」
黒田 夏子	「abさんご」
	その他

直木賞受賞者

重松 清	「ビタミンF」
森 絵都	「風に舞いあがるビニールシート」
三浦 しをん	「まほろ駅前多田便利軒」
朝井 リョウ	「何者」
	その他

ジャーナリスト

江川 昭子
田原 総一郎
乙武 洋匡
津田 大介
その他

早稲田キャンパス

所在地　東京都新宿区西早稲田1-6-1
アクセス　地下鉄東西線「早稲田」徒歩5分、
地下鉄副都心線「西早稲田」徒歩17分、
JR山手線・西武新宿線「高田馬場」
徒歩20分

【政治経済学部】政治学科　経済学科　国際政治経済学科
【法学部】
【教育学部】教育学科 国語国文学科 英語英文学科
社会科　理学科　数学科、複合文化学科
【商学部】【社会学部】【国際教養学部】

こんなキャンパス

通称「本キャン」とも呼ばれる早稲田キャンパスは、大隈重信像や大隈講堂など早稲田大を代表する建物を有するメインキャンパス。6学部の学生がここで学んでいます。

西早稲田キャンパス

所在地　東京都新宿区大久保3-4-1
アクセス　地下鉄副都心線「西早稲田」徒歩0分、
JR山手線・西武新宿線「高田馬場」徒歩15分
地下鉄東西線「早稲田」徒歩22分

【基幹理工学部】数学科　応用数理学科　情報理工学科　機械科学・航空学科　電子光システム学科　表現工学科
【創造理工学部】建築学科　総合機械工学科　経営システム工学科　社会環境工学科　環境資源工学科
【先進理工学部】物理学科　応用物理学科　化学・生命化学科　応用化学科　生命医科学科　電気・情報生命工学科

こんなキャンパス

基幹・創造・先進理工学部の3学部を擁する理系のキャンパス。18階建ての51号館など、最先端の研究ができる施設が備わっています。

戸山キャンパス

所在地　東京都新宿区戸山1-24-1
アクセス　地下鉄東西線「早稲田」徒歩3分、
副都心線「西早稲田」徒歩12分、
JR山手線・西武新宿線「高田馬場」徒歩20分

【文化構想学部】
【文学部】

こんなキャンパス

早稲田キャンパスとの距離も近く、学生の行き来は活発です。他のキャンパスより女子学生の比率が高いのが特徴。

所沢キャンパス

所在地　埼玉県所沢市三ヶ島2-579-15
アクセス　西武池袋線「小手指」バス

【人間科学部】
人間環境学科　健康福祉科学科
人間情報学科　スポーツ科学部

友人いわく、森や自然が豊かで、ジャージの学生が多いとか。有名スポーツ選手もいます。
高橋さん

こんなキャンパス

陸上競技場や野球場など、スポーツ施設が充実しています。

そのため国語国文学科の先輩たちといっしょに受けたり、友だちがまったくいない講義もありますね。

教職課程の講義は全学年が受けるので大人数になりますが、学科の講義は少人数のものが多いです。

3年生からゼミの1つ前段階のプレゼミという講義が2つあり、プレゼミを取ったあと、4年生で1つのゼミを取る形になります。どのゼミを取るかはまだ具体的には決まっていないのですが、「日本語学」のゼミか、「源氏物語」を取り上げるゼミ、近代の慣れ親しんだ作品を取り上げるゼミなどを考えています。

やりたいことができるのが早稲田大のよさ

国語国文学科の友だちは、すごく勉強する人が多く、テスト前はもちろん、講義が終わると図書館に行って閉館時間までずっと勉強している人もいます。また、本が好きな人も多いですね。いつも図書館で本を読んでいる人や、アルバイトをしたお金を何冊もの本に費やす人もいます。早稲田大は昔からバンカラというイメージが強いですし、その通り庶民的な人が多い感じがします。

やりたいことはなんでもできるのが早稲田大のよさなので、そのよさを存分に生かせるように目標を持って入学すると大学生活は楽しいと思います。

Keio University

慶應義塾大学

言わずと知れた日本を代表する私立大学の1つ慶應義塾大学。1858年（安政5年）に福澤諭吉が開いた蘭学塾をスタートとし、150年を超える歴史のなかで、日本を支える数多くの人材を輩出してきました。

1890年（明治23年）に文学・理財・法律の3科で「大学部」として始まり、現在は文学部、経済学部、法学部、商学部、総合政策学部、環境情報学部、医学部、理工学部、薬学部、看護医療学部の10の学部が設置されています。

慶應はやりたいことに打ち込める大学

経済学部1年
藤《ふじ》部《べ》 誠《せい》矢《や》

総合政策学部、環境情報学部、看護医療学部以外の1年生は全員日吉キャンパスに通うことになります。やっぱり春先は新入生が多いので、全体的にテンションが高く、華やかな雰囲気です。サークル活動も日吉キャンパスで多く行われていますから。

僕は高校が慶應義塾高校で、キャンパスが同じ場所だったので、そこまでの昂ぶりはなかったのですが（笑）。

ただ、夏を過ぎて肌寒くなってくると、徐々に授業に出ない人も現れてきて、静かな感じになってきます。それでも三田キャンパスよりは明るい印象です。三田キャンパスにはおもに文系学部の3～4年生が通うのですが、就職活動がありますから、授業が終わると図書館で勉強したり、就職セミナーなどに行く人が多く、日吉キャンパスほどの華やかさ、にぎやかさはないかもしれません。

附属校から進学する人たちってそれだけで固まっているように思われがちですが、そんなことはありません。高校ではそういう風にならないように、固まりすぎないようにした方がいいと

慶應義塾大出身の 有名人

（抜粋、順不同）

総理大臣

橋本 龍太郎 第82、83代内閣総理大臣
小泉 純一郎 第87～89代内閣総理大臣

国会議員

石原 伸晃 衆議院（自民党、現環境大臣、 内閣府特命担当大臣）
石破 茂 衆議院（自民党、現党幹事長）
小沢 一郎 衆議院（生活の党、現代表）
海江田 万里 衆議院（民主党、現代表）
その他

スポーツ選手

高橋 由伸 （野球選手）
竹内 公輔 （バスケットボール選手）
反町 康治 （北京五輪サッカー日本代表監督）
三宅 諒 （フェンシング選手、ロンドン五輪団体銀メダリスト）
その他

芥川賞受賞者

朝吹 真理子 「きことわ」
遠藤 周作 「白い人」
荻野 アンナ 「背負い水」、現文学部教授
安岡 章太郎 「悪い仲間」・「陰気な愉しみ」
その他

直木賞受賞者

村松 友視 「時代屋の女房」
金城 一紀 「GO」
朱川 湊人 「花まんま」
池井戸 潤 「下町ロケット」
その他

アナウンサー

角澤 照治 （テレビ朝日）
田中 大貴 （フジテレビ）
青木 裕子 （元TBS、現フリー）
紺野 あさ美 （テレビ東京）
その他

三田キャンパス

所在地 東京都港区三田2-15-45
アクセス JR山手線・京浜東北線「田町」徒歩8分、
都営浅草線・三田線「三田」徒歩7分、
都営大江戸線「赤羽橋」徒歩8分

【文学部】人文社会学科 2～4年 【経済学部】経済学科3、4年
【法学部】法律学科 政治学科 3、4年 【商学部】商学科 3、4年

こんなキャンパス

慶應義塾大の代名詞と言えるキャンパスで、三田演説館や、福沢諭吉像が入り口近くに立つ図書館旧館は国の重要文化財にも指定されています。アカデミックな雰囲気が漂い、隣には慶應女子高校、慶應義塾中等部のキャンパスがあります。

日吉キャンパス

所在地 神奈川県横浜市港北区日吉4-1-1
アクセス 東急東横線・目黒線・横浜市営地下鉄
グリーンライン「日吉」徒歩1分

【文学部】人文社会学科 1年 【経済学部】経済学科 1、2年
【法学部】法律学科・政治学科 1、2年 【商学部】商学科 1、2年
【医学部】医学科 1年 【理工学部】機械工学科・電子工学科・応用化学科・物理情報工学科・管理工学科・数理科学科・物理学科・化学科・システムデザイン工学科・情報工学科・生命情報学科 1、2年 【薬学部】薬学科・薬科学科 1年

こんなキャンパス

ほとんどの学部の1・2年生が通うため、ほかのキャンパスに比べ、活気や華やかさがあるのが特徴です。最寄りの駅からも近く、同敷地内には慶應義塾高等学校が、駅をはさんで反対側には慶應義塾普通部があります。

矢上キャンパス

所在地 神奈川県横浜市港北区日吉3-14-1
アクセス 東急東横線・目黒線・横浜市営地下鉄
グリーンライン「日吉」徒歩15分

【理工学部】機械工学科・電子工学科・応用化学科・物理情報工学科・管理工学科・数理科学科・物理学科・化学科・システムデザイン工学科・情報工学科・生命情報学科 3、4年

こんなキャンパス

日吉キャンパスのすぐ近くにあり、理工学部の3・4年生や大学院生が通っており、理系色が強いキャンパスです。

信濃町キャンパス

所在地 東京都新宿区信濃町35
アクセス JR中央線・総武線「信濃町」徒歩1分、
都営大江戸線「国立競技場」徒歩5分

【医学部】医学科 2～6年
【看護医療学部】看護学科 3年

こんなキャンパス

医学部、看護医療学部のためのキャンパスで、慶應義塾大学病院と一体になっています。

湘南藤沢キャンパス

所在地 神奈川県藤沢市遠藤5322
アクセス 小田急江ノ島線、相鉄いずみ野線、
横浜市営地下鉄ブルーライン
「湘南台」バス

【総合政策学部】総合政策学科
【環境情報学部】環境情報学科
【看護医療学部】看護学科 1年、2年、4年

こんなキャンパス

総合政策学部と環境情報学部の生徒は、一貫して「SFC」と略称されるこのキャンパスに通うため、ほかの学部とは異なる雰囲気があります。

芝共立キャンパス

所在地 東京都新宿区信濃町35
アクセス JR山手線、京浜東北線「浜松町」
徒歩10分、都営三田線「御成門」
徒歩2分、都営浅草線・大江戸線
「大門」徒歩6分

【薬学部】薬学科（6年制） 2～6年
薬科学科（4年制） 2～4年

こんなキャンパス

都心にあって交通アクセス抜群の、薬学部生と大学院生が学ぶキャンパスです。

先生や周りの人に言われていたので、自分でもそうならないように意識していたのですが、いざ大学に進んでみると、3カ月もすればあまり関係なくいろいろな友だちができました。

結局、人によるのだと思います。自分で求めていけばつながりは広がっていくんだなと実感しています。

根付いていると感じる福澤諭吉の「独立自尊」

慶應義塾大の精神を表す言葉の1つに、創立者の福澤諭吉が言った「独立自尊」という言葉があります。自己の尊厳を守って社会に流されず、自分の責任、判断で行うということで、学校全体にこの精神が強く根付いていると思います。

僕の場合は高校からですけど、とにかく好きなこと、やりたいことに打ち込むことができる。もちろん自分の自己責任ですが、高校のときはサッカー。いまはアルバイト、サークルのバンド活動と、興味があることに打ち込んでいます。勉強も自分の入った学部に縛られずに学びたいことがあればそれをすればいいということを言われていました。周りの人も全体的に「自分がやりたいこと」をしている印象がありますね。

自分がしたいことができ、華やかな雰囲気もある。求めれば人間関係もどんどん広がっていくし、それが慶應義塾大の良さなのかなと感じています。

Question & Answer

早稲田大学 高橋さん

慶應義塾大学 藤部さん

質問

Q1 大学の好きなところ

Answer（早稲田大学）

「私の講義は日本一だ！」とよく言う先生がいます。そのくらい先生方もプライドを持っているぶん、おもしろい講義が受けられます。恋愛学などユニークな講義もあります。

Answer（慶應義塾大学）

自由に好きなことに没頭できるところです。福澤諭吉の「独立自尊」という言葉通り、自己責任で自分の好きなことをとことんやっている人が多いです。

Q2 入学して驚いたこと

Answer（早稲田大学）

私の所属する教育学部の建物から、学食までが往復で20分もかかることです。50分しか昼休みはないので、さすがに遠く、学食はあまり利用していません。

Answer（慶應義塾大学）

思ったよりも講義やテストが厳しくないものもあります。それもある意味、すべてが自分の責任という面で、慶應の自由な精神につながるのかもしれません。

Q3 入学してよかったこと

Answer（早稲田大学）

いろいろなタイプの人と出会えたことです。授業では学科の友人に会い、部活に行けば、アスリートとして本気でバスケットボールに打ち込んでいる人たちにも会えます。

Answer（慶應義塾大学）

多種多様な人がいるので、自分から求めれば人間関係が広がります。系列校生も大入生も関係なく、すぐに打ち解けて友だちになれます。

Q4 得していること

Answer（早稲田大学）

大学の近くには、人気のあるおいしいラーメン屋がいっぱいあります。ラーメンが好きな人は早稲田大にくれば多くのラーメンを食べることができます。

Answer（慶應義塾大学）

これまでにアルバイトの面接で落ちたことがないのですが、大学名で得をしている部分があるかもしれません。大学名を言って悪い印象を持たれることはないと思います。

Q5 大学で会える有名人

Answer（早稲田大学）

早稲田キャンパスではあまり見かけたことがないですが、所沢キャンパスに行けば、スポーツ科学部に所属する有名なアスリートがたくさんいます。

Answer（慶應義塾大学）

湘南藤沢キャンパスにタレント活動をしている人が通っているとは聞いたことがありますが、三田キャンパスや日吉キャンパスで有名人を見かけたことはないです。

Q6 学食おすすめメニュー

Answer（早稲田大学）

大隈ランチという早稲田のスペシャル定食があります。480円でコロッケ、肉野菜炒め、ハンバーグとあと2品ついていてかなりボリュームがあります。

Answer（慶應義塾大学）

学食の慶應パワー丼は、肉がたくさんのったスタミナ丼です。399円でかなり量が多く、カロリーも高いです。慶應大の学食の名物です。

Q7 自慢の施設について

Answer（早稲田大学）

蔵書数の多い図書館が自慢です。早稲田大の図書館になければ国立国会図書館へ行け！　と言われるほど、とにかく置いてある本が多いです。

Answer（慶應義塾大学）

古い建物と新しい建物が混ざっています。何百人も入る大教室は昔からあるので古く、最近できた協生館は、更衣室はオートロックだし、ほかにもいろいろな新しい設備があります。

Q8 系列校生と大入生の違い

Answer（早稲田大学）

基礎的な学力は大学受験をして入学した人の方が高いと思います。系列校生はそのぶんのびのびとした教育を受けているのが利点だと思うので、あえてそれを個性としています。

Answer（慶應義塾大学）

系列校出身の人は活動的な人が多いです。好きなことをやるために授業のかたわら、留学、起業、ボランティアサークルを立ちあげるなど、とても熱心です。

Q9 学園祭について

Answer（早稲田大学）

毎年学園祭の時期に、所属しているバスケットボール連盟の仕事があり、学園祭には参加したことがありません。友だちの話によると、大勢の来場者で盛りあがるそうです。

Answer（慶應義塾大学）

毎年学園祭の１週間ほど前には有名人によるライブが開催されます。昨年はゴールデンボンバーでした。毎回豪華なゲストが来ます。

Interview

高橋さんに聞いた 早稲田大学本庄高等学院

教育学部2年
高橋 明宏

小学校6年のとき、当時参加していたバスケットボールクラブを指導してくれた早大本庄の先輩に憧れて早大本庄へ入学しました。

早大本庄には普通の高校のようなホームルームクラスはなく、授業ごとに教室を移動します。3年生になると個々の志望学部に合わせた選択授業を選択するので、まるで大学のようなシステムです。

入学して知ったことは、変わった授業があることです。早大本庄にはおもしろい現代文の授業をする先生がいて、「新世紀エヴァンゲリオン」などを教材にして、ユニークな授業を展開していました。受験を気にすることなく、先生独自の授業が受けられるのは、系列校ならではのメリットです。

早大本庄では、3年生で2万字の卒業論文があります。普段の授業でも、テストの代わりに2000字くらいのリポートを書くことはよくありましたが、その10倍もの量を書かなくてはいけないため、初めは戸惑いました。でも、2年生の終わりから取りかかり、論文リテラシーという授業のなかで先生と入念に相談しながら進めていくと、だんだん書けるようになりました。大学生になったいまでも、早大本庄で論文の書き方を学んだことが強みとなっています。

行事の面では、埼玉県の自然豊かな立地を活かして、毎年マラソン大会が行われ、男子は10km、女子は5kmの山道を走ります。1年生の夏には全員で野球の早慶戦を見に行くことも恒例となっています。

早大本庄に入学すると、ほとんどの人が早稲田大に進みます。将来早稲田大に入学したい人にとっては、附属校に入学することが1番の近道であり、大学が7年間あるようなイメージでユニークな勉強ができるのでおすすめです。

兄が慶應志木へ通っていて、その兄がすすめてくれたこともあり、慶應義塾に入学しました。

授業では受験に必要な事柄だけでなく、より細かいこともたくさん学べておもしろかったです。例えば歴史の授業は、ときにはベトナム戦争の映像を見てじっくり考えたり、普通の高校だと時間が足りなくて勉強できないことも、教わることができました。

2年生から選択できる第2外国語の授業は、大学でも継続して履修することができます。現在は2年生から履修している中国語を、大学卒業までにマスターできるよう勉強しています。

3年生になると、ゼミ形式の授業のなかで卒業研究として各自でテーマを決め、1万2000字の論文を書きます。大学では論文を書く機会が多いので、そのためにも高校で書き方を練習します。

慶應義塾大への進学は、3年間の成績の合計により希望の学部へ進学できるかが決定します。そのため、受験がなくても気を抜かず、1年生のころから成績を意識して勉強に取り組んできました。

慶應義塾は、勉強と同じくらい部活動にも熱心です。長く部活ができるように、授業は14時50分までと決まっています。とくに運動部は練習がハードで、所属していたサッカー部は上下関係も厳しかったです。学園祭も、運動部の人たちは練習が忙しくて、1・2年生のときは参加できませんが、3年生になると部活を引退し、学園祭に参加することができました。

1度受験を乗りきれば、その後は部活でもほかのことでも、好きなことができるところが慶應義塾のよさです。慶應義塾は高校も大学も自由な風潮があります。その自由をどう活かしていくかが、学生生活を楽しむコツです。

藤部さんに聞いた 慶應義塾高校

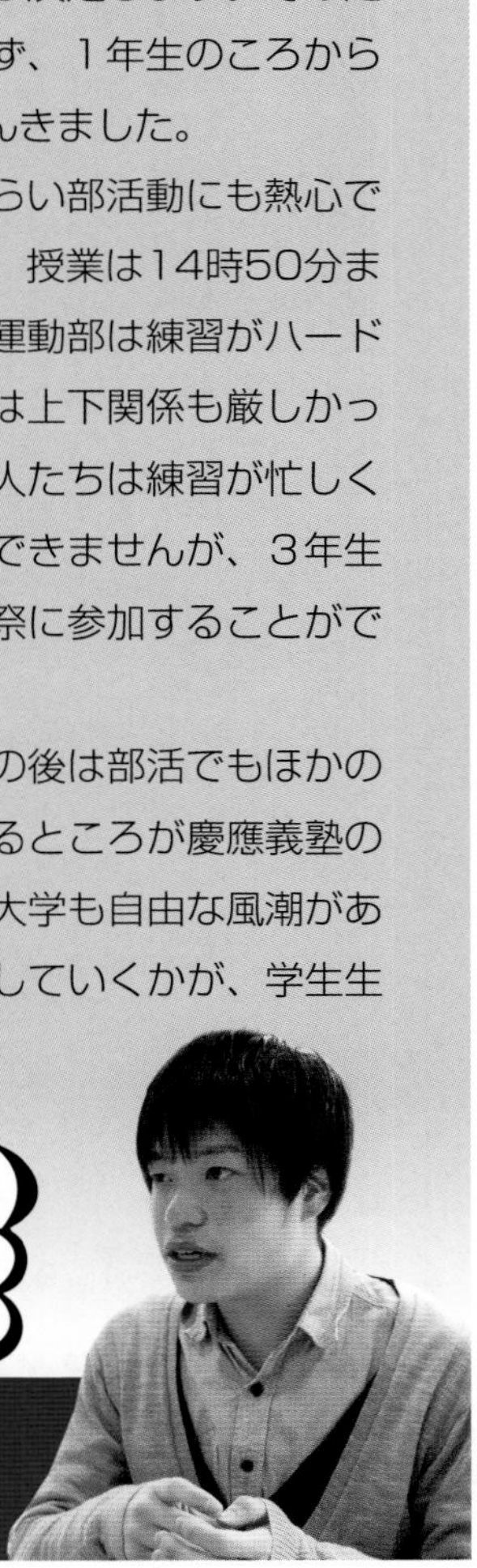

経済学部1年
藤部 誠矢

早稲田実業学校高等部

所在地　東京都国分寺市本町1-2-1
TEL　042-300-2121
URL　http://www.wasedajg.ed.jp/
アクセス　JR中央線・西武線「国分寺」徒歩7分

共学校

生徒数 (2月20日現在)　1164名

早稲田大学への進学実績
(2012年3月卒業生)

合計 398名　内部進学率 98%

政治経済学部	45名	創造理工学部	24名
法学部	33名	先進理工学部	30名
文化構想学部	30名	社会科学部	50名
文学部	15名	人間科学部	1名
教育学部	67名	スポーツ科学部	5名
商学部	50名	国際教養学部	14名
基幹理工学部	34名		

入試情報(2013年度)

★一般・帰国生入試
【募集人員】男女120名(男子80名、女子40名、帰国生10名以内)
【選抜方法】筆記試験(英語・国語・数学)
★推薦入試
【募集人員】男女合わせて60名
(スポーツ分野・文化分野50名、指定校10名)
【選抜方法】課題作文・面接
【受験資格】スポーツ分野や文化分野での日本国内の大会やコンクール、展示会等で優秀な活動実績をもち、人物的にも優秀である者。中学1年と2年の学年評定および2012(平成24)年12月末までの中学3年の全必修教科の評定の5段階評価の合計が、94(平均3.5)以上とする。ただし、評定1は含まない者。各学年における欠席日数が原則として7日以内の者で、欠席理由の明確な者。

早稲田大学高等学院

所在地　東京都練馬区上石神井3-31-1
TEL　03-5991-4151
URL　http://www.waseda.jp/gakuin/
アクセス　西武新宿線「上石神井」徒歩7分

男子校

生徒数 (2月20日現在)　1501名

早稲田大学への進学実績
(2012年3月卒業生)

合計 591名　内部進学率 99%

政治経済学部	135名	創造理工学部	84名
法学部	84名	先進理工学部	77名
文化構想学部	28名	社会科学部	30名
文学部	26名	人間科学部	1名
教育学部	25名	スポーツ科学部	1名
商学部	45名	国際教養学部	10名
基幹理工学部	45名		

入試情報(2013年度)

★一般・帰国生入試
【募集人員】男子260名(帰国生18名を含む)
【選抜方法】筆記試験(英語・国語・数学・小論文)

★自己推薦入試
【募集人員】男子100名
【選抜方法】面接
【受験資格】中学2年の9教科学年成績合計が40以上で、かつ3年2学期の9教科の成績合計が40以上の者。3年間の欠席合計が30日以内とする。

早稲田大学本庄高等学院

所在地　埼玉県本庄市栗崎239-3
TEL　0495-21-2400
URL　http://www.waseda.jp/honjo/honjo/
アクセス　JR高崎線「本庄」スクールバス、
上越新幹線「本庄早稲田」徒歩13分

共学校

生徒数 (2月20日現在)　1000名

早稲田大学への進学実績
(2012年3月卒業生)

合計 325名　内部進学率 99%

政治経済学部	70名	創造理工学部	22名
法学部	44名	先進理工学部	30名
文化構想学部	24名	社会科学部	15名
文学部	8名	人間科学部	2名
教育学部	40名	スポーツ科学部	3名
商学部	29名	国際教養学部	13名
基幹理工学部	25名		

入試情報(2013年度)

★一般入学試験
【募集人員】男女約180名(男子約115名、女子約65名)
【選抜方法】第1次試験:筆記試験(英語・国語・数学)
第2次試験:面接
★α選抜(自己推薦入学試験)
【募集人員】男女約70名(男子約55名、女子約15名)
【選抜方法】第1次試験:書類選考
第2次試験:面接
【受験資格】中学1年から3年2学期末までの9教科の成績合計を5段階評価で115以上とする。ただし、各学年における9教科5段階評価に1または2を含まない者。中学校入学後の欠席日数の合計が30日未満とする。けが・疾病等による長期欠席がある場合は、欠席日数が30日以上でも出願を認めることがある。
★帰国生入試
【募集人員】男女約20名(男子約15名、女子約5名)
【選抜方法】第1次試験:筆記試験(英語・国語・数学)
第2次試験:面接
★I選抜(帰国生自己推薦入学試験)
【募集人員】男女約20名(男子約15名、女子約5名)
【選抜方法】第1次試験:書類選考
第2次試験:基礎学力試験(数学・国語)、面接

※早稲田高校、早稲田摂陵高校、早稲田佐賀高校、早稲田渋谷シンガポール校は省略させていただきます。

慶應義塾高等学校

所在地 神奈川県横浜市港北区4-1-2
TEL 045-566-1381
URL http://www.hs.keio.ac.jp/
アクセス 東急東横線・東急目黒線・横浜市営地下鉄グリーンライン「日吉」徒歩1分

男子校

生徒数 (2012年4月1日現在) 2189名

慶應義塾大学への進学実績
(2012年3月卒業生)

合計 704名 内部進学率 98%

文学部	11名	理工学部	89名
経済学部	230名	総合政策学部	6名
法学部法律学科	115名	環境情報学部	22名
法学部政治学科	112名	看護医療学部	1名
商学部	90名	薬学部薬学科	6名
医学部	22名	薬学部薬科学科	0名

入試情報(2013年度)

★一般・帰国生入試
【募集人員】男子約330名 (帰国生若干名を含む)
【選抜方法】第1次試験:筆記試験(国語、英語、数学)
第2次試験:面接

★推薦入試
【募集人員】男子約40名
【選抜方法】第1次試験:書類審査
第2次試験:面接
【出願資格】2012年4月以降、2013年3月末までに国の内外を問わず学校教育における9年の課程を修了、または修了見込みの者。出身中学校長の推薦を受けた者。中学3年2学期(1・2学期)の9教科の成績合計が5段階評価で38以上の者。運動・文化芸術活動などにおいて、顕著な活動をした者。

慶應義塾志木高等学校

所在地 埼玉県志木市本町4-14-1
TEL 048-471-1361
URL http://www.shiki.keio.ac.jp/
アクセス 東武東上線・地下鉄有楽町線・副都心線「志木」徒歩7分

男子校

生徒数 (2012年4月1日現在) 792名

慶應義塾大学への進学実績
(2012年3月卒業生)

合計 255名 内部進学率 98%

文学部	8名	理工学部	35名
経済学部	80名	総合政策学部	2名
法学部	77名	環境情報学部	4名
商学部	41名	看護医療学部	0名
医学部	7名	薬学部	1名

入試情報(2013年度)

★一般・帰国生入試
【募集人員】男子約190名(帰国生若干名を含む)
【選抜方法】第1次試験:筆記試験(英語・国語・数学)
第2次試験:面接

★推薦入試
【募集人員】男子約40名
【選抜方法】第1次試験:書類審査
第2次試験:面接
【出願資格】国内の中学校あるいは国外の日本人学校において中学3年2学期(2期制の場合は1学期あるいは2学期中間まで)の9教科の評定が5段階評価で合計38以上の者。中学校入学後の欠席日数合計が30日以内の者。学校内外で、中学生として充実した諸活動を行い、それを入学志願書によって示すことのできる者。

慶應義塾女子高等学校

所在地 東京都港区三田2-17-23
TEL 03-5427-1674
URL http://www.gshs.keio.ac.jp/
アクセス 都営三田線「三田」徒歩8分、JR山手線「田町」、地下鉄南北線・都営三田線「白金高輪」徒歩10分

女子校

生徒数 (2月20日現在) 581名

慶應義塾大学への進学実績
(2012年3月卒業生)

合計 179名 内部進学率 98%

文学部	23名	理工学部	10名
経済学部	50名	総合政策学部	0名
法学部法律学科	30名	環境情報学部	1名
法学部政治学科	27名	看護医療学部	0名
商学部	27名	薬学部薬学科	6名
医学部	5名	薬学部薬科学科	0名

入試情報(2013年度)

★一般・帰国生入試
【募集人員】女子約90名(帰国生若干名を含む)
【選抜方法】筆記試験 国語・英語・数学・作文

★推薦入試
【募集人員】女子約10名
【選抜方法】出願書類および適性検査・面接
【受験資格】出身中学校長の推薦を受けた者。中学校入学から2012年12月末日までの欠席・遅刻・早退の合計数が5日以内である者。中学校の3年間を通して部活動に積極的に取り組んだ者。生徒会活動に積極的に取り組んだ者。学習面で顕著な成果を挙げた者、または知的関心や能力が極めて高い者。中学3年の評定が5段階評価で以下の条件をすべて満たしている者。
(a)9教科(国語,社会,数学,理科,音楽,美術,保健体育,技術・家庭,外国語)の評定合計が42以上である。(b)理科と社会の評定がともに5である。(c)2の評定がない。

※慶應義塾湘南藤沢高等部、慶應義塾ニューヨーク学院は省略させていただきます。

学校クイズ

知れば知るほどおもしろい!

首都圏にはたくさんの高校があって、伝統や校風もさまざま。
そんな高校ごとの個性を、3つのテーマに分け、楽しいクイズ形式にしてお届けします!

NO.1を当てろ!

いろんな部門で1位の学校はどこかな?

Q1

テレビでもお馴染みの「高校生クイズ」、歴代最多優勝校は?

☛ヒント
東大合格者数も日本一の男子校

Q2

2月に行われた東京都立高校一般入試で、応募倍率の一番高かったコース・単位制以外の学校を男女別に以下の6校から選んでみよう!

・戸山　・東村山
・足立東　・南葛飾
・鷺宮　・日比谷

この先輩どの高校?

いろんな有名人の出身高校は?

Q1

中村俊輔をはじめ、数多くのJリーガーを輩出した神奈川県のサッカー強豪校は?

Q2

「千と千尋の神隠し」や「崖の上のポニョ」など、数々のアニメ映画を生み出したスタジオジブリの監督、宮崎駿の出身校は?

☛ヒント
杉並区にある都立高校

Q3

埼玉県立川越の卒業生で、昨年、岡田准一主演で映画化され話題となった「暦」をテーマにした小説を執筆したのはだれでしょう? 作品名もわかるかな?

特色いろいろ

個性のある学校、どこかわかるかな?

Q1

桐蔭学園、桐光学園、國學院大學久我山の3校にはある共通点があります。それはなんでしょう?

Q2

盛大な体育祭を行うことで有名な神奈川県立湘南。その目玉とも言える出し物は?

☛ヒント
見た目にもこだわってます!

Q3

玉川学園や花咲徳栄など校内にプラネタリウムを持つ学校があります。東京都国立市にある男子校もその1つ。わかるかな?

Q4

第2外国語で3年間継続してロシア語を履修することができる板橋区の都立高校は?

答えは次のページへ!!

Q3

夏の甲子園として名高い全国高等学校野球選手権大会。東京都の高校で一番出場回数が多い学校は次の3校のうちのどこ？

1.日本大学第三
2.帝京
3.早稲田実業学校

Q4

全国の高校のうち、出身者に現役の国会議員が最も多い高校は？

ヒント
写真の大学の附属高校

Q5

昨年の夏にイギリス・ロンドンで開催された夏季オリンピックに、日本代表として参加した選手のうち、最も多くの出身者（在学中含む）がいる学校は？

ヒント
保健体育科のある埼玉の高校

Q4

『北斗の拳』の原哲夫や『こちら葛飾区亀有公園前派出所』の秋元治など多くの漫画家を輩出している東京の私立高校は？

ヒント
水泳の北島康介も同校出身

Q5

宇宙飛行士の星出彰彦はラグビーとかかわりが深く、出身高校ではラグビーが男子生徒の校技とされていた。どこの高校かわかるかな？

ヒント
茨城県の寮のある学校

Q6

昨年の全国高等学校野球選手権千葉大会で、野球部のOBとして、トレードマークの海パンをはいて観客席で母校の応援をする姿が話題になったお笑いタレント小島よしおの出身校は？

Q7

『チーム・バチスタの栄光』などで有名な小説家の海堂尊は、現役の医者でもある。彼は千葉県のある公立高校の卒業生だが、それはどこの高校だろう？

ヒント
千葉県内では数少ない公立中高一貫校の1つ

Q5

春に行われる開成と筑波大学附属の定期戦は、1920年から始まった日本で最も歴史のある学校間定期戦です。この定期戦で実施される競技は3つのうちどれ？

1.野球
2.サッカー
3.ボート

Q6

東京都の私立女子校で初めてSSH（スーパーサイエンスハイスクール）に指定された学校は？

ヒント
写真の学校。所在地は「文京区」！

Q7

千代田女学園には全国的にも珍しい部活動があります。2文字目に「道」がつくものですが、柔道、剣道、華道、茶道ではありません。さて、なんでしょう？

Q8

大人気スポーツマンガ『スラムダンク』と『おおきく振りかぶって』にはモデルとなった学校があり、マンガのなかに実際の校舎や学校施設が描かれています。埼玉県立浦和西と都立武蔵野北ですが、さて、どっちがどっち？

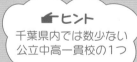

学校クイズ　解答

NO.1を当てろ!

A1 開　成

開成は優勝回数３回、しかも３連覇中。関東の優勝校は、ほかに栄光学園や埼玉県立浦和などがある。

A2 男子→日比谷 女子→東村山

男子１位の日比谷は倍率3.17倍、女子１位の東村山は倍率2.58倍。

男子２位は戸山、３位は足立東、女子の２位は南葛飾、３位は鷺宮。

A3 早稲田実業学校

出場数28回で早実が１位。ちなみに２位は日大三15回、３位は帝京12回。どの学校も強豪校だ。

A4 慶應義塾

写真に慶應大のシンボル、ペンマークが写っていることに気がついた人もいるかな。写真は東京の慶應大三田キャンパスだけど、慶應義塾高の校舎は、慶應大日吉キャンパス(神奈川)にある。

A5 埼玉栄

昨年のロンドンオリンピックでは、埼玉栄から卒業生、在校生合わせて８名が代表として参加。在校生には、陸上で戦後最年少のオリンピック出場選手となった当時高校２年生の土井杏南選手がいた。

この先輩、どの高校?

A1 桐光学園

サッカー強豪校ということもあり、ナイター設備のある練習グラウンドや、トレーニングルームなど、施設も充実している。

A2 都立豊多摩

詩人の谷川俊太郎も同校出身。

A3 冲方《うぶかた》丁《とう》

映画になった小説は『天地明察』。江戸時代の囲碁棋士・天文暦学者の渋川春海の生涯を描いた作品だ。

A4 本　郷

かつてデザイン科があったことから、漫画家をはじめ美術やデザインの分野で活躍する卒業生が多い(現在は普通科のみ)。

A5 茗溪学園

男子はラグビー、女子は剣道が校技として位置づけられている。

A6 千葉市立稲毛

小島よしおは高校で野球部に在籍し、４番バッターも務めた。めだつ姿で応援してくれるなんて、後輩思いの先輩だ!

A7 千葉県立千葉

進学校で、医歯薬系の大学へ進む卒業生も多い。

特色いろいろ

A1 男女別学の学校

A2 桐　朋

A3 仮　装

ダンス、音楽、隊形、衣装、大小の道具でパフォーマンスする湘南独自の競技。とにかく華やかでかっこいい!

A4 都立北園

第２外国語として、ドイツ語・フランス語・中国語。ロシア語のなかから１つを選ぶ。３年間継続して第２外国語を学べる高校は全国でも珍しい。

A5 ボート

A6 文京学院大学女子

SSHに指定されている東京都の私立校には、玉川学園、早大高等学院、東海大高輪台などがある。

A7 香　道

香道とは、香りを楽しむ日本の伝統芸能のこと。

A8 『おおきく振りかぶって』→ 埼玉県立浦和西 『スラムダンク』→ 都立武蔵野北

精神科医からの処方箋

子どものこころSOS

大人の知らない「子どものこころ」。そのなかを知ることで、子どもたちをめぐる困難な課題を克服する処方箋を示唆。気鋭の精神科医・春日武彦が「子どものこころ」を解きほぐし、とくに受験期に保護者がとるべき態度や言動をアドバイスします。

A5版　224ページ
定価　2,100円（税込）
ISBN4-901524-80-1

精神科医
春日 武彦　著

「率直に言って、受験を迎えるお子さんがいるご家庭においては、親子ともに『こころの健康マネージメント』が必要だと感じています。しかし、これを実際におこなっていくのは、なかなかむずかしい。本書は、現実生活のなかでどう対応したらよいのかを、学説や教育論ではなく、こころに届く絶妙な筆致で綴った得難い一冊です」
（教育評論家・森上展安）

子どもの
こころ？

子どもと
うまく
つきあいたい

受験期には
どう接すれば
いい？

★ご注文方法
本書は一般書店にてお買い求めになることができます。万が一、書店店頭に見当たらない場合には、書店にてご 注文のうえ、お取りよせいただくか、弊社営業部までご注文ください。ホームページからもご注文いただけます。

株式会社 グローバル教育出版
〒101-0047 東京都千代田区内神田２－４－２　グローバルビル３階
TEL：03-3253-5944（代）　FAX：03-3253-5945

SCHOOL EXPRESS

リベラル・アーツ教育と自分探し学習を通じて「本当の自分」に出会う

TOHO UNIV.TOHO High School

東邦大学付属東邦高等学校

千葉
習志野市
共学校

東邦大学付属東邦高等学校では、幅広く学ぶリベラル・アーツ型のカリキュラムが実施され、深い教養と知識を礎とした、真に豊かな学力の育成をめざしています。また、多彩なプログラムが用意されている「自分探し学習」では、能動的に学び、共に高めあいながら、自身の可能性に挑戦することができます。

小高《こだか》 昌次《しょうじ》 校長先生

「自然・生命・人間」の尊重 建学の理念に込められた意味

東邦大学付属東邦高等学校（以下、東邦高）は、1926年（大正14年）東京、大森に額田豊・額田晋両博士によって創立された帝国女子医学専門学校を前身としています。1950年（昭和25年）に東邦大学という名称になり、1952年（昭和27年）、船橋市三山に東邦高校が男女別学で開校しました。1961年（昭和36年）には中学校を設立。1970年（昭和45年）から男女共学になり、1973年（昭和48年）に習志野市泉町に移転しました。

建学の理念は「『自然・生命・人間』の尊重」です。小高昌次校長先生は「本校の教育理念は、額田豊・晋兄弟医学博士の自然観・生命観・人間観に基づいています。宇宙・自然の無形の偉大なる力を畏敬し、自然からその一部としていただいた生命を大切にすること。そして科学技術の進歩や物質文明の限界を自覚して、人間の心の向上をめざして生きようと訴えられています。21世紀の今日、かけがえのない地球への認識が高まるなかで、創立者の哲学がいっそう輝きを増していると思います」と語られました。

幅広い教養と基礎力を育む リベラル・アーツ型の教育

東邦高では、付属中学校からの中入生と、1年次は別クラスになります。中入生7クラス、高入生2クラスで、1学年9クラス編成です。これは、中入生と高入生の進度差が考慮されたもので、高2からは混合クラス編成となります。高3では文理のクラス分けが行われ、10クラスになる場合もあります。

カリキュラムは、高2までは全員が共通の内容を幅広く学ぶリベラル・アーツ型が特徴です。授業では、演習や実習を多く取り入れながら、主要教科の全学習範囲を高3の1学期までに修了するという東邦型早期完習学習が展開されています。

「本校では、全教科をバランスよく学ぶ教育課程を伝統としています。大学での勉強は専門的な内容となりますので、高校までで基礎的な学力をきちんとつけさせることが目標です。幅広い教養があれば、社会に出てからも役に立つでしょう。入試科目の多い国公立大への受験にも強いカリキュラムと言えます

習熟度別授業は、高校では行っていません。いろいろな生徒が同じクラスで切磋琢磨できる環境が大切だと考えています。また、本校では、生徒間で勉強を教えあっている姿がよく見られ、お互いに実力を伸ばしあおうという意識が育まれています。」（小高校長先生）

「自分探し学習」の多彩なプログラム

東邦高では、建学の理念を土台とし、学問への強い意志と絶え間ない自己鍛錬、そして謙虚な自己省察により、それぞれの人生目標に向かい精進するという課題が掲げられています。こうした生徒の可能性を広げる取り組みを「自分探し学習」とし、多彩なプログラムが用意されています。

理科では、テーマごとに講義・実験・演習が展開されます。実験に重きが置かれ、化学の授業では3年間で30回を超える実験が行われます。豊富な実験により、生徒の探究心が育まれていきます。

国語では、読書マラソンがあります。高1・高2が対象となり、読んだ本の内容紹介や感想を、配付される「読書マラソンノート」に記録するというものです。読書の推進だけではなく、記入することによる語彙《ごい》

施設

図書館

CALL教室

温水プール

さまざまな教育設備と広々としたキャンパスが自慢です。グラウンドや温水プールなど、スポーツ設備も充実。また、図書館には7万冊以上の蔵書があり、座席数も多いので自習にぴったりの環境です。

グラウンド

自分探し学習

学問体験講座

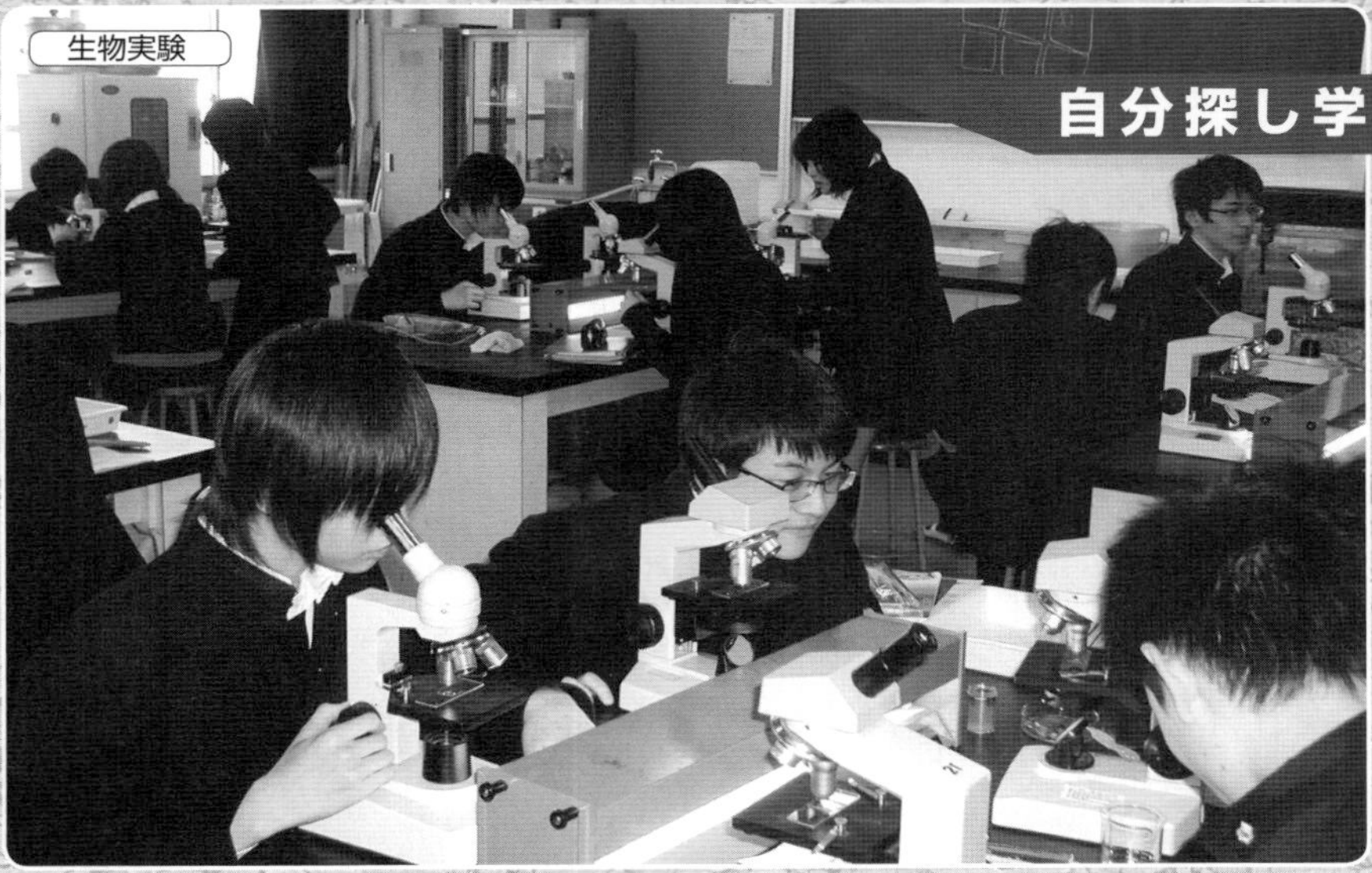

生物実験

「自分探し学習」では、生徒の可能性を広げるプログラムが多く実施されています。希望者を対象とした２週間にわたる海外語学研修では、オーストラリアでホームステイなどを体験します。

東京探見（物語散歩）

天体観測会

語学研修

学校行事

部活動

体育祭

銀杏祭（文化祭）

６月に行われる体育祭は、中学とは別に行われます。紅白対抗で競いあい、毎年多くのドラマが生まれる行事です。文化祭は「銀杏祭」と呼ばれ、こちらは中高合同で開催されます。部活動も盛んで、高校での加入率は７割程度です。

力・表現力の育成にも有効です。

　また、東邦高の名物課外活動として、「東京探検（物語散歩）」も実施されています。これは、国語科教員の引率のもと、都内の文学や伝説の舞台となった場所や作家ゆかりの地を訪ね、見聞を広めます。

　「総合的な学習の時間」には、高1・高2の2年間かけて1つのテーマに取り組みます。生徒は、「数学史」「実用的英語学習」「世界の音楽」「物語に関する研究と創作」など、自由テーマを含む40以上の研究テーマのなかから1つを選び、研究を進め、レポートにまとめます。こうした教科の垣根を越えた能動的な学習は、まさに「自分探し学習」そのものと言えます。

「テーマ研究は、1人の教員が7～8名の生徒を担当しています。結論よりも、研究課題に向きあい、調べていく過程を大事にしています。

　自分探し学習の1つとして、東邦大や他大学と連携した『学問体験講座』もあります。大学で行われている最先端の学問を体験することで、現在学んでいることがやがてどんな学問に発展していくのかを体験します。これは、テーマ研究への刺激にもなるでしょう。全学年を対象に希望者は受講することができます。」（小高校長先生）

特別課外講座などのきめ細かな受験対策

　特別課外講座や、夏期・冬期の講習なども充実しています。

　特別課外講座は、難関大志望者を対象にした講座で、放課後に実施され、高2・高3の希望者が受講します。基本的には英・数・国が中心となり、高3からは理・社も受講できます。英語では、ネイティブによる自由英作文の講座も開かれるなど、さらに上をめざす生徒をサポートする内容となっています。

「特別課外講座は、授業よりもう少しレベルの高い内容を教えています。1講座の人数は1クラスぐらいを予定していましたが、最近は希望する生徒が増えており、教科によっては100名を超えることもあります。」（小高校長先生）

　夏期講習は6日間ずつ前期と後期の2回に分けて実施されています。生徒は、予め発表された講習一覧のなかから希望するものを選んで受講します。

　冬期講習は4日間です。とくに高3は入試が間近ということもあり、大学入試センター試験への対策なども実施されています。

　東邦高では、約7割の生徒が理系、約3割の生徒が文系の大学を志望しています。そのなかでも、理系の生徒に医歯薬系の志望者が多いのが特徴です。「女子でも医学部・薬学部をめざす生徒が多くいます。また、他大学への進学希望者は、将来への方向性をしっかり持ち、希望を叶えられる大学・学部を選んでいます。」（小高校長先生）

広々とした校地と充実した設備

　広々とした校地には、充実した設備が整っています。

　2005年（平成17年）に完成したセミナー館には、1階にカフェテリア、2階以上にはIT教室やOPEN PC教室、特別演習室、視聴覚大ホールなどが備えられ、5階には天体観測室もあります。

　運動設備も整っており、サッカーコートが1面取れる人工芝のグラウンドや、ハンドボールコート、テニスコート、野球場があります。室内温水プールも完備されて、生徒たちは恵まれた環境のなかで高い志を持って学校生活を送っています。

「生徒たちには、勉強だけではなく、それ以外のことにも関心を持って活動してほしいと話しています。そして、自分は周りから支えられて生きているということをきちんと自覚し、社会に貢献できるような人になってほしいですね」と小高校長先生は笑顔で語られました。

School Data

所在地　千葉県習志野市泉町2-1-37
アクセス　京成線「京成大久保」徒歩10分
生徒数　男子759名、女子414名
TEL　047-472-8191
URL　http://www.tohojh.toho-u.ac.jp/

3学期制　週6日制
月･火･木･金6時限、水7時限、土4時限　50分授業
1学年9または10クラス　1クラス40名

2012年度（平成24年度）大学合格実績　（　）内は既卒

大学名	合格者	大学名	合格者
国公立大学		私立大学	
国公立医学部	15(8)	私立大医学部	44(15)
北海道大	7(3)	早大	113(24)
東北大	2(0)	慶應大	63(17)
筑波大	11(3)	上智大	46(11)
千葉大	23(8)	東京理大	137(34)
東大	10(2)	青山学院大	25(8)
東京医科歯科大	2(1)	中央大	39(8)
東京工大	10(3)	法政大	34(14)
東京外大	1(0)	明治大	102(28)
東京農工大	3(1)	立教大	52(13)
一橋大	5(1)	学習院大	26(9)
首都大学東京	1(0)	東邦大	33(8)
京都大	1(1)	北里大	13(8)
大阪大	3(1)	星薬科大	11(4)
その他国公立大	45(23)	その他私立大	313(118)
計	124(47)	計	1007(304)

共学校　東京都　中野区

宝仙《ほうせん》学園《がくえん》高等学校《こうとうがっこう》共学部《きょうがくぶ》理数《りすう》インター

1期生医学部特待生　国立大合格達成 !!

生徒の能力を引き出し学ぶ力を育てる

80年の歴史を持つ宝仙学園の、仏教を基調とした建学の精神に基づいて創立された宝仙学園高等学校共学部理数インター（以下、宝仙理数インター）は、今年で開校6年目を迎えました。

理数の学校というイメージを持たれてしまいそうになるネーミングですが、そうではありません。目指しているのは国公立大・難関私立大合格です。ただ、一度しかない高校生時代ですから、学習はもちろんのこと、部活に行事に励んでもらいたいというのが学校の姿勢です。

3年後の進学目標を現実にするため、生徒が能動的に学ぼうとする姿勢を育てることに重点を置いた、生徒の力を引き出す指導を実践しています。

定期考査や模試の際には、結果を基にした「カンファレンス」と呼ばれる個別成績会議で、複数の教員が生徒1人ひとりの学習状況をきめ細かく分析します。それを基に学習の方向性を定め、そこから生徒自身が課題と解決策に気づくことで、明確な目標を持った学習ができます。

家庭学習においても、どの教科にどう取り組むかという学習プランを立て、学習状況を記録するパーソナルファイルを作成することで、プランの実行を目で見て確認することが可能です。教員のコーチングのもと、プランに沿って計画と実行を繰り返すことで、次第にその精度があがり、自分の課題を乗り越えていくことができるようになります。

1人ひとりに寄り添い、生徒が自ら学ぶ力を育むことが、宝仙理数インターの指導法です。

自ら学問に向きあう「総合研究プロジェクト」

好奇心旺盛な年代だからこそ、生徒が自ら課題を発見し、解決していく力を伸ばすための「総合研究プロジェクト」を、1年生の春から立ちあげています。

「ロボット工学研究講座」「西洋史研究講座」などユニークな講座が開講され、各自が興味のあることをとことん研究します。1年生の学年末には研究発表会があり、さらに2年生で行われるアメリカ修学旅行では、名門・スタンフォード大学で探究の成果を英語でプレゼンテーションする機会を設けています。これらを通じて、大学ひいては生涯にわたり必要となる、自ら考え解決する力を生徒はを養うことができます。

夢に向かい着実に力を伸ばし、幅広い教養を身につけられる宝仙理数インターは、生徒の可能性を存分に引き出します。

School Data

所在地	東京都中野区中央2-28-3
生徒数	男子166名　女子102名
TEL	03-3371-7109
アクセス	地下鉄丸ノ内線・都営大江戸線「中野坂上」徒歩3分
URL	http://www.risu-inter.ed.jp/h/

女子校　東京都　板橋区

日本《にほん》大学《だいがく》豊山《ぶざん》女子《じょし》高等学校

日本大学付属校のなかで唯一の女子校

理数科の設置は都内でオンリーワン

日本大学付属校唯一の女子校として１９６６年（昭和41年）に誕生した日本大学豊山女子高等学校は、日本大学の教育理念に基づき、知育・徳育・体育のバランスの取れた教育を目標に掲げています。

付属校であるメリットを活かし、高大連携教育も積極的に行われています。具体的には、大学での学部見学や実験実習、大学教授を招いての講義、大学での講義を履修した際の単位認定制度などが行われています。

また、東京都で理数科を設置する唯一の高校でもあり、女子校でありながらも理数科教育に力を入れています。

普通科は、日本大への進学を中心としたカリキュラム編成です。1年生ではさまざまな教科を幅広く学び基礎学力を構築し、2年生から文理にクラス分けされます。そして3年生では大学受験に対応した問題演習中心の授業が多く取り入れられています。

理数科は、文字通り理科と数学を専門的に学ぶ学科で、とくに2～3年生では総授業時間数の約半分が数学と理科にあてられています。また、日本大との提携により、大学教授による数学の講義を受けたり、最新設備を使った高度な理科の実験が行われます。理数科からは、毎年約50％が医療系分野へ進学しています。

夢に向けた進路指導により約90％の大学進学率

日大豊山女子では、しっかりと自分の生き方を見つめていく進路指導により、自分自身への理解を深め、自分の生き方を探求し、将来の目標を設定していきます。そのため、日本大の付属校ではありますが、日本大への進学者は１１０人（53％）にとどまり、生徒はそれぞれの夢を見つけて希望の大学に進学してきます。そんな日大豊山女子の現役での大学進学率は約90％にのぼります。

日本大への推薦には2種類あります。1つは「基礎学力到達度テスト」の成績によって推薦されるものです。基礎学力到達度テストは、高校1～3年の4月と高3の11月に行われるテストで、1年時以外の成績が推薦基準に関係します。もう1つは、各付属校の基準・人数枠が提示されて推薦されるものです。

日本大学豊山女子高等学校では、高大連携で大学を身近に感じられ、自分の将来を具体的に意識することができます。そしてそれが、日本大だけではなく、生徒の多用な進路につながっているのです。

School Data

所在地	東京都板橋区中台3-15-1
生徒数	女子のみ757名
TEL	03-3934-2341
アクセス	東武東上線「上板橋」、都営三田線「志村三丁目」徒歩15分、JR線「赤羽」、西武線・都営大江戸線「練馬」スクールバス
URL	http://www.buzan-joshi.hs.nihon-u.ac.jp/

共学校

千葉市立 千《ち》葉《ば》高等学校

布留川《ふるかわ》 厚《あつし》 校長先生

諦めずにチャレンジすることで将来の道を見つけていく

普通科と理数科が併設され、2007年度からは単位制を導入。新校舎も2006年に完成したばかりと、魅力的な要素を多く持つ千葉市立千葉高等学校は、勉強、運動、学校行事にバランスよく取り組みながら、「自分のやりたいこと」をしっかりと見つけることができる学校です。

進学重視型の単位制 理数科も設置

千葉市を支える人材育成を目的として、1959年（昭和34年）に千葉県千葉市立高等学校（通常課程、普通科）が設置されました。

1970年（昭和45年）には理数科が新設され、1979年（昭和54年）、千葉市立稲毛高等学校開校に伴い、校名が現在の千葉市立千葉高等学校（以下、市立千葉高）となりました。さらに2007年度（平成19年度）からは、進学重視型の単位制が導入されています。

校訓は「強く　明るく　より高く」です。これは、初代校長の鈴木三郎先生が作ったもので、中学生にもわかりやすい明確な校訓となっています。

布留川厚校長先生は「本校では『知・徳・体』のバランスの取れた人材の育成がめざされています。生徒には、勉強も部活

陸上競技大会

千葉県総合スポーツセンターの陸上競技場を舞台にクラス対抗で争われる市立千葉高の陸上競技大会。個人戦でもあり、各競技で学校記録があります。記録が更新されると拍手喝采が起こります。

動も特別活動もしっかり取り組みましょうと話していて、部活動の加入率は9割以上です。『文武両道』によって、バランスのよい人間になってほしいと考えています」と話されます。

バランスよく学ぶことで単位制の利点を活かす

市立千葉高では、生徒自らが学ぶ意欲を育成し、確かな学力の定着を図るとともに、生徒がより主体的に参加できる授業が展開されています。単位制導入以来、平日は1時限45分、7限授業が実施されています。

「単位制に移行後は、多様な選択科目を設置しています。生徒は自分の進路希望を考え、そのために必要な科目を選択することができます。単位制は通常過程よりも教員が多く少人数授業が可能です。それを補えるだけの教室もあります。進学希望に合わせて、生徒1人ひとりが重点的に学習に取り組める体制はしっかりと整っています。」（布留川校長先生）

普通科1年次のカリキュラムは、基礎基本の重視と生徒それぞれの進路選択のために、必修科目を中心に編成されています。

1・2年次でほぼ必修科目が終わり、3年次は、個性の伸長を考えて適切な科目の選択ができるようになっています。

単位制ではありますが、すべての履修が自由というわけではありません。3年次はⅠ類型（おもに文系）・Ⅱ類型（数学Ⅱまで履修）・Ⅲ類型（数学Ⅲまで履修）という3つの類型が用意されており、この3類型をもとに、自分の進路に合った選択科目を選んでいきます。

「それぞれの類型には、グループになった選択科目を設置してあります。文系と理系のどちらをたくさん選択できるかの違いです。こうすることで、授業がバラバラになりすぎないようにしています。」（布留川校長先生）

普段の授業を大切にしながら、少人数制授業、補習などのフォローもしっかり行われています。少人数制授業は、普通科1年生のオーラルコミュニケーションⅠと数学Ⅰ・A、理数科1年の英語Ⅰ、オーラルコミュニケーションⅠ、理数数学1で実施されています。1クラスが2つに展開される形です。

夏休みに入ると、前期と後期という形で2週間ずつの夏期講習があり、各学年を対象にした講習が開講されています。希望する講習を受講する形となっており、多くの生徒が受験対策や得意な科目を伸ばしたり、苦手科目を克服するために、参加しています。

充実の理数系教育を誇る市立千葉高の理数科

市立千葉高の理数科では、「五感を活

かした、体験的な学習」を通して、理数科教科・科目などに「興味・関心・意欲」を持って学習に取り組み、将来の進路選択を支援できる教育環境の提供に取り組んでいます。

また、2002年度（平成14年度）から開始された文部科学省のSSH（スーパーサイエンスハイスクール）研究開発事業に応募し、第1期校として2006（平成18年度）まで研究開発を行ってきました。これは、理数科での取り組みのさらなる発展・改善を図るためであり、現在でも、そのSSHの研究開発成果を学校設定科目としてカリキュラムのなかに位置づけています。

それが1年次での「先端科学Ⅰ（課題研究）・サイエンスキャンプ・フィールドスタディ（野外実習講座）」と、2年次での「先端科学Ⅱ（課題研究）・SSフィールドスタディ（海外科学技術研修講座）」にあたります。

2年かけて行われる「課題研究」は、理数科の大きな学習プログラムの1つです。まず、先端科学Ⅰで物理・化学・生物・地学をひと通り学習し、科学の基礎・基本に関する知識や理解を深め、実験・実習を通して基礎的なデータなどの取り扱い方を学びます。

そして先端科学Ⅱでは、先端科学Ⅰの内容をふまえつつテーマを決め、1年間で研究成果をまとめ、最後には発表が行われます。そのほかの取り組みとして、放射線医学総合研究所への施設訪問などもあります。

「課題研究は少人数のグループで行っています。先輩が研究したテーマを引き継ぐ生徒たちもいます。フィールドスタディでは、伊豆大島での校外宿泊研修を2泊3日の日程で実施しています。SSフィールドスタディは、アメリカのNASAエイムス研究所、エクスプラトリアム博物館、ヨセミテ国立公園などで研修します。こちらは8泊10日で、理数科の2年生が全員参加します。」（布留川校長先生）

2012年度から2度目のSSH指定を受けた市立千葉高では、2013年度から普通科の2年次・3年次に「SSHコース」という理数系に特化したクラス1クラスが設けられます。このコースの利点は、外部との連携により、一流の研究者から直接教えてもらえることです。

「千葉市には千葉市科学館、放射線総合研究所、千葉市動物公園、千葉大などいろいろな研究施設があります。そうした施設と『千葉市サイエンスネットワーク』を構築し、生徒が研究の最前線に触れることができるように協力していただいています。例えば千葉市動物公園では、職員の方に動物に関するさまざまなことを教えていただき、本校からはお礼として、動物園で解説のボランティアなどを行っ

夾竹桃《きょうちくとう》祭（文化祭）

クラス展示と文化部の発表がメインです。展示や発表の内容はさまざまですが、最近の3年生は演劇をするクラスが多くなっています。

合唱コンクール

1・2年生が参加します。課題曲はなく、自由曲のみで各クラスが練習した成果を2月に披露します。

修学旅行

2年次の秋に3泊4日の日程で、普通科の生徒が奈良・京都を訪れます。初日と最終日はクラス単位ですが、間の2日間は班別にそれぞれが計画を立てて行動します。旅行後はテーマに基づいた発表があります。

SSフィールドスタディー（海外科学技術研）

修学旅行と同時期に理数科の生徒がアメリカを訪れ、さまざまな場所で自然研究を実施します。現地で研究成果の発表を行い、さらに年度末には保護者のみなさんに向けての研究発表会も開かれます。

ています。」（布留川校長先生）

進路指導を通して やりたいことを知る

入学時から多くの生徒が国公立大学を志望している市立千葉高では、その進路希望をかなえるための指導が1年生からスタートしていきます。

進路希望調査から始まり、進路講演会や学部・学科ガイダンス、大学模擬授業、インターンシップなどを経験するなかで、生徒は将来どういった方向に進みたいのかということを考えるのです。それがどの大学のどの学部を受けるのか、ということにつながります。

高1からの定期考査や全国模擬試験の生徒1人ひとりの成績と、過去のデータなどの資料もその判断の助けとなります。

「近年は大学の名前で選ぶのではなく、『この勉強がしたいからこの大学』という生徒が増えています。第1志望校へ合格できるようにするのが本校の使命だと考えています。また、本校は理系の学校として期待されていると思っています。理数科の生徒を中心に、科学の分野に進み、第一級の研究者になるような生徒も出てきてほしいですね。

生徒には、自分で決めた目標なら簡単に諦めるなと話しています。本校の生徒は、頑張れば目標を達成できる力を持っていますから、それを十分に発揮できるように最後までやってみようということです。ですから、本校にはいろいろなことに挑戦したいという生徒さんに来ていただきたいですね。そうしたチャレンジ精神に応えるだけの学習環境・設備が整っています。」（布留川校長先生）

School Data

所在地	千葉県千葉市稲毛区小仲台9-46-1
アクセス	JR総武線「稲毛」バス、千葉都市モノレール「穴川」徒歩20分
TEL	043-251-6245
生徒数	男子482名、女子486名
URL	http://www.ich.ed.jp/

✣2学期制 ✣週5日制 ✣7時限 ✣45分授業

✣1学年8クラス（うち理数科1クラス）

✣1クラス40名

2012年度（平成24年度）大学合格実績（ ）内は既卒

大学名	合格者	大学名	合格者
国公立大学		私立大学	
東北大	1(1)	早大	18(13)
茨城大	3(0)	慶應大	8(4)
筑波大	3(0)	上智大	10(4)
埼玉大	2(1)	東京理科大	19(7)
千葉大	26(3)	青山学院大	16(5)
首都大東京	3(0)	中大	28(10)
電気通信大	2(1)	法政大	64(13)
東京海洋大	3(1)	明大	66(20)
東京学芸大	1(0)	立教大	33(14)
東京工大	1(1)	学習院大	17(5)
東京農工大	1(0)	日本女子大	10(4)
一橋大	1(1)	東京女子大	7(1)
横浜国立大	2(1)	成蹊大	15(6)
横浜市立大	1(0)	千葉工大	18(5)
大阪大	1(0)	日大	81(26)
その他国公立大	10 (4)	その他私立大	428(95)
国公立大合計	61 (14)	私立大合計	838 (232)

和田式 教育的指導

寒かった冬に別れを告げ、日差しも温かく感じる春へ。心も弾みます。今回は、現在中学2年生(新中3生)の人たちへのメッセージです。「4月から受験生だ!」と考えている人はいませんか? いえいえ、受験生にはもっと早くになりましょう。

中3の4月からではなく いまから「受験生」に なることが大切

受験生という自覚を持って 春休みから受験勉強を

多くの人が、学年が変わって中3になってから、「受験生」になったと意識します。しかし、受験勉強を始めるにあたり、それでは遅いのです。これを読んでいるみなさんは、自分が「受験生」だということを早めに自覚しましょう。

学校にもよりますが、春休みは意外と長いものです。この時間を「まだ大丈夫だ」と、なんとなく過ごしてしまうのではなく、春休みから受験勉強を始めるという姿勢が大切です。

先輩たちが、進学する高校が決まった時点か、もしくは卒業した時点で、中学2年生であっても「受験生」になるのです。

早い時点で「受験生」だと自覚することで、時間をムダにしないという意識が持てます。あと1年と思っていても、実際に来年の入学試験までは1年間もありません。その事実を知り、緊張感を持ってください。

まだクラブ活動を続けている人は、引退するまでは、クラブ活動の時間以外をなるべく勉強にあてるという気持ちを持ってください。

受験生になるということは 志望校を決めるということ

受験生という意識を持つというこ

Hideki Wada

和田秀樹

1960年大阪府生まれ。東京大学医学部卒、東京大学医学部附属病院精神神経科助手、アメリカのカールメニンガー精神医学校国際フェローを経て、現在は川崎幸病院精神科顧問、国際医療福祉大学大学院教授、緑鐵受験指導ゼミナール代表を務める。心理学を児童教育、受験教育に活用し、独自の理論と実践で知られる。著書には『和田式　勉強のやる気をつくる本』（学研教育出版）『中学生の正しい勉強法』（瀬谷出版）『難関校に合格する人の共通点』（共著、東京書籍）など多数。初監督作品の映画「受験のシンデレラ」がモナコ国際映画祭グランプリ受賞。

とは、志望校を決めるということです。これまで私が繰り返しお話ししているように、受験勉強とは自分の志望校を決めて、志望校に合わせた勉強をすることです。

公立高校を志望する人は、内申点も気になっていることでしょう。しかし近年、埼玉、千葉、神奈川の県立高校入試は、学力検査に重きを置かれた入試制度に変更してきています。東京では、進学指導重点校を中心に独自問題を出題する学校もあります。

また、私立高校の入試の多くは国語・数学・英語の3教科です。もちろん、理科と社会の試験がある学校もあります。

入試は受験する学校によって教科も出題形式もさまざまですし、その対応策も変わってきます。

すでに志望校が決まっている人は、いまから、過去問にチャレンジしてみてください。できる問題とできない問題を早くから認識することで、これからの勉強にプラスしていくことができます。

これからは、自分の行きたい学校を早く決めて、その学校に合わせた勉強の体制を作ることが大事です。

勉強したことはムダにしてはいけない

受験生として意識すべき大切なことは、やった勉強をムダにしないということです。

これまで、中間テストや期末テストの対策として、一夜漬けで勉強したことがある人も多いと思います。

例えば、社会のように暗記ものが多いテストであれば、一夜漬けでも100点が取れることがあります。しかし、一夜漬けにはすぐに忘れてしまうという欠点があるのです。一夜漬けで覚えたことが、1週間後には3割くらいに、もっと経つとほとんど覚えていないということはよくあります。

入試は中学校の学習範囲から出題されるので、それではすごくもったいない。みなさんが希望の高校に入り、大学受験を視野に入れて勉強する際に必要なのは、中学時代に学んだ基礎学力なのです。中間や期末の内容を、試験が終わったあとに復習することで、いまの時点から基礎学力をつけていきましょう。

早めにスタートを切ることで、ライバルたちに差をつけられます。春はすべてが新しく動き出す季節です。この新風を活かして入学試験までを乗り切りましょう。

※このページは35ページから読んでください。

IはC、D、F、G、H、Jと異なる。
JはD、G、Iと異なる。

ここで、表を見てみよう。縦の列、横の列を見てみるのだ。例えば、$m = 2$の列だ。この縦の列はB、E、F、Gだ。

この4つは、それぞれ異なるね（BはE、F、Gと異なり、EはB、F、Gと異なり、FはB、E、Gと異なり、GはB、E、Fと異なる）。

他の列も縦であれ、横であれ、すべて異なる。ということは、なにを意味しているのだろう。

どの列にも同じ数は入らないということだ。入る数は1、2、3、4だから、各列ともその4つが重なることなく入るのだね。

さあ、長くかかったが、これで表に数値を入れられる。

$n \backslash m$	1	2	3	4
1	A=1	B=2	C=3	D=4
2	B=2	E	F	G
3	C=3	F	H	I
4	D=4	G	I	J

Eには1、3、4のどれかが入る。仮にEに1を入れたら、Fには4しか入れられない。そうすると、Gに3が入る。

残りのHには1か2が入るが、かりに1を入れたらIには2を、Jには1を入れることになって、次のような表になる。

$n \backslash m$	1	2	3	4
1	1	2	3	4
2	2	1	4	3
3	3	4	1	2
4	4	3	2	1

このように、数を入れてゆくと、結局表が4つできる。

	$n \backslash m$	1	2	3	4		1	2	3	4		1	2	3	4		1	2	3	4
	1	1	2	3	4		1	2	3	4		1	2	3	4		1	2	3	4
ア	2	2	1	4	3	イ	2	1	4	3	ウ	2	3	4	1	エ	2	4	1	3
	3	3	4	1	2		3	4	2	1		3	4	1	2		3	1	4	2
	4	4	3	2	1		4	3	1	2		4	1	2	3		4	3	2	1

このア～エのうちで、どれが正しい表かは、まだわからない。この4つを用いて問（1）と（2）を解くのだ。

いよいよ、最後の段階だね。さあ、(1) だ。

$n * n = m * n = 1$

nが（mも）1、2、3、4のどのような値であっても、$m * n = 1$であるのは、表アしかない。アの$2 * 4$は3だね。

解答（1）3

(2)も表を見ればすぐにわかる。$3 * 4 = 1$の表はイだ。イの$2 * 3$は4だね。

解答（2）4

このように、どの教科でもそうだが、とくに数学はややこしい問題や難しい問題を出す私立校がある。できるだけ早めに志望校を決めて、過去問を調べ、自分の学力に合う学校かどうかを見極めなければ、不愉快な結果になりかねない。

編集部より
正尾佐先生へのご要望、ご質問はこちらまで！
FAX：03-5939-6014　e-mail：success15@g-ap.com
※高校受験指南書質問コーナー宛と明記してください。

仮に4だとしよう。そうすると、

$m=1$、$n=2$で、$k=1$ならば、

$k*1 \neq k*2$

$1*1 \neq 1*2$

ということになる。この1＊1と1＊2を表に照らし合わせると、1＊1はA、1＊2はBに当たる。

A ≠ B

ということだ。もちろん、それはすでにわかっている。A＝1、B＝2だものね。

同じように、仮に$k=2$なら、

$k*1 \neq k*2 \rightarrow 2*1 \neq 2*2$

この2＊1と2＊2は、表のBとEにあたる。だから、

B ≠ E

ということだ。

同じく、$k=3$だとすると、

$k*1 \neq k*2 \rightarrow 3*1 \neq 3*2$

この3＊1と3＊2は、表のCとFにあたる。だから、

C ≠ F

ということだ。

同じく、$k=4$だとすると、

$k*1 \neq k*2 \rightarrow 4*1 \neq 4*2$

この4＊1と4＊2は、表のDとGにあたる。だから、

D ≠ G

今度は$m=1$、$n=3$でやってみよう。$k=1$ならば、

$k*1 \neq k*3$

$1*1 \neq 1*3$

この1＊1は表のA、1＊3はCにあたる。だから、

A ≠ C

$k=2$なら、

$k*1 \neq k*3$

$2*1 \neq 2*3$

だから、B ≠ F

$k=3$だとすると、

$k*1 \neq k*3$

$3*1 \neq 3*3$

だから、C ≠ H

$k=4$ならば、

$k*1 \neq k*3$

$4*1 \neq 4*3$

だから、D ≠ I

次は$m=1$、$n=4$だ。$k=1$ならば、

$k*1 \neq k*4$

$1*1 \neq 1*4$

だから、A ≠ D

$k=2$なら、

$k*1 \neq k*4$

$2*1 \neq 2*4$

だから、B ≠ G

$k=3$なら、

$k*1 \neq k*4$

$3*1 \neq 3*4$

だから、C ≠ I

$k=4$ならば、

$k*1 \neq k*4$

$4*1 \neq 4*4$

だから、D ≠ J

さあ、ここまでわかったことを整理しよう。

A＝1　B＝2　C＝3　D＝4
A ≠ B　B ≠ E　C ≠ F　D ≠ G
A ≠ C　B ≠ F　C ≠ H　D ≠ I
A ≠ D　B ≠ G　C ≠ I　D ≠ J

だいぶ、いろいろなことがわかったね。$m=1$の場合だけでもこれだけわかった。そうなると、$m=2$でも確かめてみたくなる。えっ、もう飽きたって。しかたがないな。では、

$m=2$で確かめられることを、やり方は上でやったのと同じだから、一気にまとめてしまおう。

$m=2$、$n=3$でわかったことは、

B ≠ C　E ≠ F　F ≠ H　G ≠ I

$m=2$、$n=4$でわかったことは、

B ≠ D　E ≠ G　F ≠ I　G ≠ J

$m=3$、$n=4$でわかったことは、

C ≠ D　F ≠ G　H ≠ I　I ≠ J

さあ、わかったことの総まとめだ。

A＝1　B＝2　C＝3　D＝4
A ≠ B　B ≠ E　C ≠ F　D ≠ G
A ≠ C　B ≠ F　C ≠ H　D ≠ I
A ≠ D　B ≠ G　C ≠ I　D ≠ J
B ≠ C　E ≠ F　F ≠ H　G ≠ I
B ≠ D　E ≠ G　F ≠ I　G ≠ J
C ≠ D　F ≠ G　H ≠ I　I ≠ J

これでなにがわかるか、わかるかな？　つまらぬ畳句《じょうく》（同じ語の繰り返し）はさておき、凄いことがわかるのだよ。

AはB、C、Dと異なる。
BはA、C、D、E、F、Gと異なる。
CはA、B、D、F、H、Iと異なる。
DはA、B、C、G、I、Jと異なる。
EはB、F、Gと異なる。
FはB、C、E、G、H、Iと異なる。
GはB、D、E、F、I、Jと異なる。
HはC、F、Iと異なる。

※このページは35ページから読んでください。

②$n * 1 = n$
③$m * n = n * m$
④$m \neq n$のとき、$k * m \neq k * n$
（kは1、2、3、4のどれか）
⑤$m * n$は、1、2、3、4のどれか

以上の５条件をどのように用いるかで、解けるか解けないかが決まる。

まず、条件①からわかるのは、仮に$m = 1$の場合、nの数値は$n = 1$、$n = 2$、$n = 3$、$n = 4$のどれかだということだね。

それを表にすると、

m	1	1	1	1
n	1	2	3	4

また、条件⑤から$m * n$は1、2、3、4のどれかだ。かりに$m = 1$で、$n = 1$の場合を表にすると、

m	1	1	1	1
n	1	1	1	1
$m*n$	1	2	3	4

さらに、$m = 1$で、$n = 2$の場合も、$m * n$は1、2、3、4のどれかだ。

だが、これをを表にすると、表の枠の数が多くなりすぎる。そこでひと工夫しよう。

<table>
<tr><th>n＼m</th><th>1</th><th>2</th><th>3</th><th>4</th></tr>
<tr><td>1</td><td colspan="4" rowspan="4">ここに
m＊nの
値を記す</td></tr>
<tr><td>2</td></tr>
<tr><td>3</td></tr>
<tr><td>4</td></tr>
</table>

$m = 1$、$n = 1$で、$m * n = 1$の場合なら

n＼m	1	2	3	4
1	1			
2				
3				
4				

というふうになるわけだ。

さて、$m * n$の数値を決めていくぞ。条件②と条件③を両方見つめてみよう。

$n * m$に$m = 1$を代入すると、$n * m = n * 1$になる。整理すると、

$m * n$
$= n * m$
$= n * 1$
$= n$

つまり$m = 1$のときは、$n = m * n$になる。

それを表にすると、

n＼m	1	2	3	4
1	1			
2	2			
3	3			
4	4			

また、$m * n = n * m$（条件③）ということは、mとnを入れかえて「＊」の計算をしても、結果は変わらないということだ。

だから、$n = 1$の場合も$m = 1$も同じ結果になる。それを上の表に加えると、

n＼m	1	2	3	4
1	1	2	3	4
2	2			
3	3			
4	4			

となる。

説明をわかりやすくするために、表のコラム（欄）を記号化しよう。Ａ～Ｄの記号を記入するよ。コラムが別でも数値が同じなら、同じ記号にしよう。その方がわずらわしくない。

残りには（あ）～（け）をいったん入れておこう。

n＼m	1	2	3	4
1	A=1	2=B	C=3	D=4
2	B=2	(あ)	(え)	(き)
3	C=3	(い)	(お)	(く)
4	D=4	(う)	(か)	(け)

条件③を考えると、この（あ）～（け）は、

（い）$= 2 * 3$
$= 3 * 2$
＝（え）　　∴（い）＝（え）

同じように、（う）＝（き）、（か）＝（く）だとわかるだろう。

そこで表をわかりやすく記号を書き入れると、こうなる。

n＼m	1	2	3	4
1	A=1	B=2	C=3	D=4
2	B=2	E	F	G
3	C=3	F	H	I
4	D=4	G	I	J

だいぶ形が整ってきた。Ｅ～Ｊに数値を入れて表を完成させよう。そこで、あと１つ残してある条件④を使おう。

まずmとnに異なる数値（1～4までのどれか）を入れてみよう。なんでもいいのだけれど、仮に$m = 1$、$n = 2$とする。

ここでkの登場だ。kは1から4までのどれかだが、

教育評論家 正尾 佐の

高校受験指南書

【七拾六の巻】中2生のための入試問題入門2

数学

Tasuku Masao

今号は「中2生のための入試問題入門」の第2回目で数学篇だ。

ちょうど、「SCHOOL　EXPRESS」で東邦大東邦が紹介されているから、同校の問題を取り上げよう。残念ながら今年1月に行われた入試問題は入手できなかったので、昨年のもので我慢してもらうよ。

数学に限らず、どの教科でも、私立高は（とくに難関校と言われている学校は）難しい問題を出しがちだ。

例えば、前号で特集している早稲田実業の英語の問題は、問題文の分量が多いうえに、難しい単語に注（短い説明）もついていないので、相当の英語力がないと、手も足も出ない。

いま難しい単語と書いたのは、中学校の検定教科書には出てこない単語のことだが、なかには高校のどの英語の教科書でもお目にかかからない単語も少なくない。あえて悪口を言えば、不親切な出題だ。なにしろ東京大の入学試験でも、難度の高い単語・語句には適切な注をつけてくれるのだから。

東邦大東邦の数学問題も、早実の英語問題ほどではないが、受験生が「？」と困惑する問題がときおり出される。今回はそういう問題を取り上げよう。

さて、東邦大東邦高校の問題だ。

1から4までの整数 m, n について、演算 $m * n$ を次のように定めます。

$n * 1 = n$

$m * n = n * m$

1から4までの整数 k について、$m \neq n$ のとき、

$k * m \neq k * n$

演算 $m * n$ の値は，1から4までの整数です。

次の問いに答えなさい。

(1) $n * n = 1$ であるとき，$2 * 4$ の値を求めなさい。

(2) $3 * 4 = 1$ であるとき，$2 * 3$ の値を求めなさい。

この問題を見て、ありゃ？　と思わなかったかな。「＊」ってなんだ？　「演算」ってどういう意味だ？　ってね。

パソコンに親しんでいる人だと、「＊って、×《かける》のことだから、$m * n$ って $m \times n$ のことだな」と思い込んで、(1) のはじめから立ち往生するだろう。

また、(2) でも愕然（たいそう驚く様子）とするはずだ。(2) の「$3 * 4 = 1$」というのが「意味フメー…」だからだ。

「＊」が「×」なら「$3 * 4$」は1ではなく、12のはずで、$3 \times 4 = 1$ なんて、「わけがわからんよぉ…」と頭が混乱するだろうね。

じつは「演算」は、「計算」の難しい言い方だと思えばいい。中学生の君たちは、足し算・引き算・掛け算・割り算をしているね。そして、その4種類を四則計算と呼んでいるだろう。この四則計算を、数学者は四則演算と呼ぶ。

四則計算に使う記号は、＋－×÷の4つだけでなく、√とか±とかもある。高校では、∫というのもある。計算も微分や積分という新たな計算法も学ぶことになる。

つまり、計算といっても、いろいろとあって、計算に用いる記号もいろいろあるのだ。「＊」はどんな計算かははっきりしないが、とにかくある計算を行うという意味の記号だと、東邦大東邦の数学の先生たちは言いたいんだね。

さあ、ここまでの説明がわかったなら、問題を解こう。まず、問題の最初に記されている条件をしっかり整理をするのが大事だ。

条件① m、n は1、2、3、4のどれか

宇津城センセの受験よもやま話

ある少女の手記③

宇津城 靖人先生
早稲田アカデミー　特化ブロック ブロック長
兼 ExiV西日暮里校校長

教室のドアをガラリと開くと、ざわついていたクラスのみんなが一気に静まった。

クラス全員の視線が、私に注ぐ。私は何事もなかったかのようにスタスタと歩いて自分の席に向かった。私の一挙手一投足にクラス中が注目しているかのようだったが、そんなことでひるむことなく、私は堂々と、ドッカリと自分の席に腰を下ろした。すると私と部活がいっしょで仲がいい羽佐間里穂が心配そうに近づいてきた。

「さくら、大丈夫だった?」

「…うん。大丈夫だよ。3人に取り囲まれたけど。」

「マジで? 3人も? だれよ、それ。渋沢たち?」

「うん。あと会田と山岡も。」

「うわ、最悪。悪臭でつらかったでしょ?」

「もう、最悪だった。大の大人が3人でよってたかってアタシを怒鳴るんだもん。臭いし。」

「で、結局どうなったの? まさか停学とかにはなってないよね。」

「うん。おかげさまで、無罪放免。」

私の前の席に座っていた野崎美智伸が突然叫んだ。

「向井田、おとがめなしだって!」

それを聞いた教室が色めき立った。みんなが口々に歓喜の声をあげる。

「イエーイ!」「ざまあみろ!」「正義は勝つ!」

自然と拍手と歓声が教室を包んだ。ああ、私はこういう仲間たちに恵まれて生きてるんだなと思った。

「よかった! よかった!」

クラスのみんなが私の元へきて、肩をたたいたり握手を求めてきたり、なんだかお祭り騒ぎだ。

「よくやってくれた! お前は英雄だよ!」

「向井田さんって勇気あるよね。」

「付き合ってください!」

「さくらが停学になったら、みんなでボイコットしようって言ってたんだよ!」

「さくら様って呼んでいいですか?!」

いろいろな声が飛び交った。みんな冷静さを欠いているが、とりあえず私がおとがめを受けずに済んだことを喜んでくれているのが伝わってきた。

「みんな、ありがとう。ご心配をかけましたが、なにもペナルティーはないそうです。」

私がそう言うと、みんなは三々五々自分の席へと戻っていった。騒ぎも一段落して、いつもの教室の風景、いつもの日常に戻っていくように思えた。

するとそのときガラリ、と教室の扉が開いた。そして日本史教師の遠野が教室に入ってきた。

「ほい、じゃあ始めるぞ。日直!」

「キリーツ! キオツケ! レイ!」

「チャクセキ!」

「はい、じゃあ出席とるぞー。浅井!」

遠野が出席をとっていった。ああ、これが日常だと感じたそのとき、

「向井田！」私の名前が呼ばれた。

「は、はい。」

　ボーっとしていた私は慌てて返事をした。すると
「ああ、向井田。お前は授業に出ないでいいから、いまから学院長室へ行け。」

「へっ？」

「学院長がお呼びだ。いますぐ学院長室へ行け。」

「なんで？　さっき渋沢たちは教室へ行っていいって。」

「知るか。学院長が呼べとおっしゃってるんだ。いいから、行け。」

　なんだというのだ。アタシは無罪放免になったのではないのか。渋々と立ちあがり、教室から出ようと歩き出すと、遠野が言った。

「向井田。『渋沢』じゃなくて『渋沢先生』だ。朝礼でお前が言ったことは理解できるし、ある意味正しいが、お前がきちんと守るべき礼節を守らないと、お前は単なる『わがままなヤツ』『失礼なヤツ』に成り下がっちまうぞ。正しいと思うことを主張して、貫くことは構わないが、きちんと守るべき節度は守れ。主張の中身は正しくても、主張の仕方が正しくないだけで、全部『正しくない』ってことになっちまう。」

　いつになく遠野が真剣な表情で私に言った。

「遠野っち、いいヤツじゃん。」

　思わず口をついて出た。

「ほら、『遠野っち』じゃない。『遠野先生』だ。言ったそばから間違えるな。」

「はい。すみません、遠野先生。」

　わかっている。これは甘えだ。先生ってつけなくても許してくれる遠野だから、自分たちに近しい先生だからついつい甘えてそう言ってしまっている。

　これは私たちからすると親近感からくるものだから、渋沢たちに対するものとは本質的に違う。私は渋沢本人に対して決して「渋沢」なんて呼び捨てをすることはないし、「渋沢っち」なんて死んでも言わない。ネガティブな感情から、いないところで呼び捨てにするだけだ。遠野の場合はみんなで話すときも「遠野ちゃん」とか「遠野っち」とか呼んでいる。それがそのまま本人の前でも出せてしまうだけだ。

「じゃあ、学院長室に行ってきます。」

「おお、行ってこい。叱られたら、みんなで慰めてやるぞ。」

　私はゆっくりと学院長室に向かった。学院長室は1階の中央部分にある。教室の4階から階段を下りて1階まで向かわねばならない。なんでも学院長室はテロリストに襲撃されても一番たどり着きづらい、安全な場所に構えているのだとか。学校の入り口自体が2階にあるので、確かに行きづらい。しかも耐震構造で地震にも強く、地下への脱走路や核シェルターまで用意されているとの噂である。学院長室の地下から、校門そばにある噴水の地下へと地下道が通っていて、いざというときにその脱出路を使って逃げられるようになっているらしい。

　まあ、これも単なる噂でしかないが。学院長は自分の逃げ道だけは綿密に準備をしているだろうというううがった目線からの噂話だけど。そんなことを考えていたら、学院長室の前にたどり着いた。ほかの教室とはうって変わって重厚な、値段の高そうな木製の扉だ。私はそこへのイラつきをぶつけるかのように強くドアをノックした。

「どなた？」

「1－Cの向井田さくらです。」

「どうぞ、お入りなさい。」

　私は扉を押し開け、なかに入ると一礼をした。

「失礼します。」

　顔をあげると、学院長室のなかは革張りのソファーや木製の展示棚、黒塗りの大き目のデスクなど豪華な品々でいっぱいだった。職員室のスチール製の机や本棚や書類棚とは全く質が違う。

「はい、どうぞ。おかけになって。」

　そう言うと学院長は私にソファーに座るように促した。

「失礼します。」

　私はそう言って革張りのソファーの、前の方に浅く座った。とても深く座って背もたれを使うような気になれなかった。そして気がつくと自然と室内を観察していた。

　木製の高級展示棚には、部活動や課外活動でもらったプレートやトロフィーが飾られていた。しかし、調和を乱すように鮭をくわえた木彫りの熊がいたり、せっかくの黒塗りの大きなデスクの上には、食べ散らかしたスナック菓子の袋と食べかけのチョコレートがそのまま置いてあったりした。外側をどんなに美しくつくろっても、どうしても中身は透けて見えてしまうものだなあと思った。道具は人を選ぶものだ。正しい道具を正しく用いられることには、やはり才能と努力が必要なのだろう。残念ながら学院長にはこれらの調度品は荷が重過ぎる。身の丈に合っていない服のようなものだ。

「向井田さん、だったかしら？」

　学院長がそう言って、私の向かいに腰をおろした。ソファーがギシギシと音を立てた。相当な重さなのだろう。学院長は私に目も合わさずに、両手を組んで自分の指にはまっている大きな指輪を眺め、親指でいじっている。

「はい。そうですが。」

　私はそう答えるのがやっとだった。私は学院長の身体から発する異常な香水の臭気と、この空間が醸し出すマイナスの気にあてられ、すっかりまいっていた。なんて不愉快な面談だろうか。

「あなたに大切な話があるのよ。」

　そう言うと初めて学院長は私と目を合わせ、右頬だけを上手に持ち上げて微笑んだ。なんて醜悪な微笑みなのだろう。

　私はその微笑を見て、背筋がうら寒くなるのを感じていた。

グレーゾーンに照準！
今月のオトナの言い回し
「図式的にすぎる」

「図式」という言葉の意味は、「ものごとの関係をわかりやすく説明するために書いた図」ということです。ですから「図式的」といった場合には「図に書いたようにわかりやすい」という意味になりますね。ではこの「図式的」という言葉、場合によっては「よい意味」でも「悪い意味」でも使われることがある、というのはお分かりでしょうか？

「わかりやすい説明」という部分に比重をおいた場合には「複雑な現象を整理してみせた」という点を評価する意味合いになりますが、「まるで図に書いたように」という部分に比重をおいた場合には「複雑な現実を単純化した」といった批判的な意味合いにもなるのです。

さて、今回取り上げた言い回しは「図式的にすぎる」です。当然、「批判」を込めた使い方だと思いますよね。「それは単純化しすぎではないか！」「絵に描いたようにわかりやすいだけで、現実を反映していないのではないか？」といったニュアンスで、相手を攻撃する場合に「それは図式的にすぎる」と使うことが考えられるからです。

けれども「オトナの言い回し」として、この「図式的にすぎる」を用いる場合には、相手の意見に対して批判的に使うというのではなく、自分の意見について「謙譲」すなわち「へりくだって」みせつつも、「あえて」必要があるから使っているのだ！　という複雑な心情を含みおいた用法がありうる、ということを皆さんに紹介してみたいと思います。

日本経済新聞にこんな記事がありました。イギリスのキャメロン首相が欧州連合（EU）を離脱するかどうかについて国民投票を行う考えのあることを表明したことを受けてのコメントです。ドイツ・フランスには、そもそもそんな「離脱の選択肢」はありえないということをふまえて、次のような内容でした。

「すったもんだしながら、ともかくEUをいまの姿にまでしたドイツ、フランスと、切実感が乏しい分だけアウトサイダー気分の抜けぬ島国英国。そう評すれば図式的にすぎるだろうが…」

ヨーロッパ諸国を「大陸」と「島国」の二項対立図式で分類してみたところで、そんな大雑把な枠組みは、現実を深く理解することにはつながらない。そう言われることは分かっていながらも、陸

国語　東大入試突破への現国の習慣

「罠に好んで落ちる」というオトナの行為。「あえてする」その意図を理解してみよう！

田中《たなか》 利周《としかね》先生

早稲田アカデミー教務企画顧問

東京大学文学部卒。東京大学大学院人文科学研究科修士課程修了。文教委員会委員。現国や日本史などの受験参考書の著作も多数。早稲田アカデミー「東大100名合格プロジェクト」メンバー。

続きの国々のしがらみと、海を隔てた島国の身勝手さ、このことをうまく表現することには役立っている。日経の記者さんは、この「概念として機能する」ことを言いたくて、「あえて」図式的に整理してみせた、というわけです。ことほどさように（先月号で取り上げた言い回しですよ）、オトナの事情というのは、込み入っていて一筋縄ではいかないものなのです。

さて、ワタクシが「オトナの言い回し」という場合に、実は「念頭においている実在のオトナ」が存在します。それは筆者がまだコドモだった頃に、オトナとして活躍していらっしゃった方々なわけですが、その中の一人が、筆者の大学のゼミの先生でもあった、蓮実重彦、元東大総長です。

蓮実先生は筆者が学生の頃、こうおっしゃっていました。

「A田君（現京都大学教授のこと）が二元論はいけないと言っているけれどもね。概念操作としては二元論というのは、絶対必要なんですよ。こっちは二元論の罠に好んで落ちているわけで、べつに二元論を永遠に回避しようなんて思っているわけじゃない。」

抽象的な概念で現実を理解しようとしても限界がある。そんなことは分かった上でやっているんだ！　と、啖呵を切っていらっしゃいましたね。

図式というのは、現実としては抽象でしかありません。けれども概念操作としては、明らかに機能しているのです。その機能に従って、新聞記事が書けたりするわけですから。

「事実、世の中のことの大半はそれで解決がつく」と、蓮実先生はおっしゃっていました。ね、カッコイイでしょ？　オトナって。

慇・懃・無・礼?!
今月のオトナの四字熟語
「我《が》田《でん》引《いん》水《すい》」

「がでんいんすい」と読みます。有名な四字熟語ですので、皆さんもご存知でしょう。訓読した場合には「我が田に水を引く」となります。中国の古典に登場する自分勝手な主人公に関係した故事成語のように感じられますが、実は「和製漢語」です。中国の古典に用例は見当たらないそうです。

他人のことを考えず、自分に都合がいいように言ったり行動したりすること。自分に好都合なように取りはからうこと。要するに、利己的で勝手な行為のことを意味する四字熟語になります。田んぼになくてはならない大切な水を、自分のところだけに引いてしまうという意味ですから。他人の不利益になろうとも、自分に都合がよければそれでいいという態度。当然そうした態度を批判する場合に、この「我田引水」は使われるはずです。

ところが！　ですよ、「オトナの用法」を考えた場合には、相手の行為に対してではなく、自らの行為に、この「我田引水」を当てはめることもあるのです。イメージできますでしょうか？

「このような解釈は『我田引水にすぎる』とのご意見もあろうかと思いますが、そうではありません。」

自分の主張を述べる際に、「都合のいい例ばかり挙げて！」という批判が予測される場合に、先に自分から言ってしまうという作戦です。「決して自分に都合のいいことばかり、例に挙げているわけではありませんからご了承ください」というわけです。機先を制するパターンですね。けれども、これはあくまで「我田引水」ではない、ということを言いたいがための論法であって、いわば消極的な「我田引水」の用法ですよね。

では、自らの行いを「我田引水」と呼び、しかもそこに積極的な意味を見出している用法があるのでしょうか？

「我田引水というと、自己中心的なように思えるが、強引にでも経験に引きつけ古典との距離を踏み越える勇気を表現するため、あえて『我田引水読み』と名付けてみたい。」

こうおっしゃるのは齋藤孝、明治大学教授です。人類の遺産と呼べるような著作＝古典を読むことを勧める人は多いでしょう。「とにかく古典は大事だ！　読みなさい！」と。けれども、古典には難解な部分や時には退屈な部分が含まれていることも確かです。なぜならば、書かれた時代が今とは違いますから。感覚がずれているといえる部分も当然あるわけです。「やっぱり難しい」「読みづらい」と、敬遠してしまう気持ちも分かります。ところが、そうした「遠い存在」に思える古典を、自分にもっと近いものとして感じるようにすることこそ、古典を読むためのコツだ、と齋藤先生はおっしゃるのです。それを「我田引水読み」として積極的に勧めていらっしゃいます。

「古典の一節に、自分の経験でもこれはある！　と共感できれば、一気に距離は縮まる。この〈あるある感〉が、古典の読みのポイントだ。しかし、古典は時代状況が異なるものなので、工夫が必要だ。多少無理やりにでも自分の経験に結びつけてしまう強引さがほしい。」

齋藤先生は「○○力」というタイトルの本を多数お書きになっています。例えば『読書力』『コミュニケーション力』『教育力』といった。今回はズバリ『古典力』です。皆さんも「我田引水読み」、お試しください！

(1)　A、Bをそれぞれa、b、cを用いて表せ。
(2)　このA、Bは以下の①～④の条件を満たしているとする。
　①　B−A=297
　②　Aは奇数である。
　③　Aの各位の数はすべて異なる。
　④　Aの各位の数の和は12である。
(ア)　$c-a$の値を求めよ。
(イ)　Aを求めよ。

＜解き方＞

(1)　A=100a+10b+c、B=100c+10b+a

(2)(ア)　条件①より、$99c-99a=297$だから、$c-a=3$

(イ)　条件②と（ア）の結果から、aとcの組み合わせは、

$(a、c)=(2,\ 5)、(4,\ 7)、(6,\ 9)$

$(a、c)=(2,\ 5)$のとき、条件④から$b=5$となるが、これは条件③に適さない

$(a、c)=(4,\ 7)$のとき、条件④から$b=1$となり、これは条件③に適する

$(a、c)=(6,\ 9)$のとき、条件④から$b=-3$となって題意に適さない

以上から、A=417

次のように、倍数に関する問題では規則性を利用すると解きやすいものも多いようです。

問題3

1から100までの整数のうち、3または5の倍数を小さい方から順に並べ、隣り合う2数の組を考える。2数の差が1であるのは何組あるか。　（桐光）

＜考え方＞

実際にいくつか並べてみましょう。

＜解き方＞

3または5の倍数を小さい方から順に並べてみると、

3、5、6、9、10、12、15、18、20、21、24、25、27、30、…

3と5の最小公倍数は15だから、1から100までを1～15、16～30、…のように15ずつに区切ると、3または5の倍数の出現の仕方は同じになる。

それぞれの区切ったまとまりを見ると、題意を満たすのは、区切ったところから2つ目と3つ目、4つ目と5つ目の数字の組合せ2組である。

よって、100÷15=6余り10だから、2×6+2=14(組)

続いて、素因数分解を利用して約数や倍数を考える問題ですが、まず素因数分解とはなにかを確認しておきましょう。

2、3、5、7、11、13、…のように、「1と自分自身以外に約数を持たない整数」を素数といいます。そして、1および素数以外の整数は、$4=2\times2(=2^2)$、$6=2\times3$、$8=2\times2\times2(=2^3)$、…のように、必ず素数の積で表すことができ、これを素因数分解と言います。

素因数分解によって、その数が、どのような数を約数に持つかがわかります。また、2つ以上の数の最大公約数や最小公倍数を求める場合などに利用することができます。

問題4

(1)　nは自然数とする。$\frac{156}{2n-1}$の値が自然数となるようなnの値をすべて求めよ。

（都立・富士）

＜解き方＞

(1)　nが自然数のとき$2n-1$は奇数を表す。

$156=2^2\times3\times13$より、$\frac{156}{2n-1}$の値が自然数となるのは、$2n-1$が$2^2\times3\times13$の約数のうち、奇数であるものだから、

$2n-1=1、3、13、3\times13$

これより、$n=1、2、7、20$

以上、いくつか代表的な整数に関する問題を見てきましたが、基本事項を理解していれば決して難しいものではありません。

また、整数の性質、とくに約数・倍数の知識は、分数の約分や素因数分解などで役立つだけでなく、数の感覚(いわゆる、「数字に強い」とか「弱い」とか言われるもの）にもかかわってきますので、普段の学習で活用しながら、ぜひ身につけていってほしいと思います。

数学　楽しみmath数学! DX

入試問題に多く見られる整数に関する問題

登木　隆司先生
早稲田アカデミー　城北ブロック ブロック長
兼 池袋校校長

新しい学年が始まりました。この講座では、過去に出題された入試問題を題材にして、数学の基本事項を確認しながら、問題を解くための手がかりの見つけ方を解説していきたいと思います。少しでもみなさんの勉強に役立つような講座にしていくつもりですので、１年間よろしくお付き合いください。

さて､今月は整数に関する問題を学習していきます。

整数に関する問題については、方程式の応用や整数の性質の証明などを中心に、入試問題でも多く見られますので、基本事項についてはしっかり確認しておくことが大切です。

それでは、はじめに偶数と奇数に関する問題を考えてみましょう。

問題1

４つの異なる自然数がある。１つは偶数、ほかの３つは奇数である。

これらの中から２つずつ和を作ると、

54、63、75、86、98、107

となった。偶数の値を求めよ。　（都立･戸山）

<考え方>

偶数＋奇数＝奇数ですから、６つの和のうち、63、75、107は偶数と奇数の和

<解き方>

偶数をx、３つの奇数のうち小さい方の２つを順にa、bとすると、

$x+a=63$　……①

$x+b=75$　……②

$a+b=54$　……③

①＋②－③より

$2x=84$

よって、$x=42$

３けたの整数の百の位の数をa、十の位の数をb、一の位の数をcとおくとき、この整数は$100a+10b+c$と表すことができます。これは連立方程式の応用として出題されることも多いのですが、次のような問題もあります。

問題2

百の位の数字がa、十の位の数字がb、一の位の数字がcである３桁の自然数Aがある。Aの百の位の数字と一の位の数字を入れ換えてできる自然数をBとする。次の各問いに答えよ。

（成蹊）

AFTER TWENTY YEARS

みなさん、こんにちは。早稲田アカデミーの川村です。ここでは、過去の名作のフレーズを通じて、高校受験で必要な知識の確認をしながら、英語のおもしろさをみなさんに伝えていきたいと思います。難しい表現もあるかもしれませんが、いっしょに頑張りましょう。

さて、今回取り上げるのはO.Henry（オー・ヘンリー）著『AFTER TWENTY YEARS（20年後）』という話のフレーズです。

２人の男が20年後に再びここで会おうと約束をします。そして20年後、そのなかの１人の男が実際にその地に到着したのですが、そこに来た警察官に怪しまれてしまいます。警察官に理由を話し、警察官と別れたあと、２人は再開を果たします。20年後、実際に会った２人は大きく変わっていました。１人は悪人に、そしてもう１人は…という話です。どのように変わったのかは、本文を読んでのお楽しみです。興味のある方はぜひ全文をお読みください。とても短い話なので、英語の原文を読んでみるのもいいかもしれませんね。またこのO.Henryという作者は「最後の一葉」「賢者の贈り物」など非常に有名な作品を書いています。とても読み応えのあるおもしろい作品が多いので、機会があればぜひお読みください。

今回学習するフレーズ

A: You're not Jimmy Wells. Twenty years is a long time, but not ①long enough to change a man's nose ②from a Roman to a pug.

B: It sometimes ③changes a good man into a bad ④one.

全　訳

A:「お前、ジミー･ウェルズじゃないな。20年は長い時間だが、人間の鼻を鷲《わし》鼻から獅子《しし》鼻に変えるほど長くはないだろ」

B:「善人から悪人に変えてしまうことはあってもね」

Grammar&Vocabulary		
①	〜 enough to A（動詞の原形）	Aするのに十分〜・とても〜なのでAできる (ex) He is strong enough to do hard exercises.
②	from A to B	AからBまで (ex) He usually works from Monday to Friday.
③	change A into B	AをBに変える (ex) change a bill (紙幣) into coins
④	one	名詞の反復を避ける代名詞（ここではmanを指している） (ex) This pen is longer than that one (= pen).

英語　英語で読む名作

川村 宏一先生

早稲田アカデミー　教務部中学課　上席専門職

教えてマナビー先生！

世界の先端技術

プロフィール

日本の某大学院を卒業後海外で研究者として働いていたが、和食が恋しくなり帰国。しかし科学に関する本を読んでいると食事をすることすら忘れてしまうという、自他ともに認める"科学オタク"。

キュリオシティ

最新鋭技術を搭載し新たな発見をめざす火星探査機

火星に降り立ち土壌の分析など貴重なサンプルを集め始めたキュリオシティ　©NASA/JPL-Caltech

NASA（アメリカ航空宇宙局）の火星探査機キュリオシティが本格的に動き始めた。生命の痕跡を見つけることができるだろうか。

昔から、宇宙人とは火星人のことだった。「火星に住んでいる宇宙人が攻めてくる」――イギリスのSF作家H.Gウェルズが小説『宇宙戦争：The War of the Worlds』を書いたのは1898年のことだ。この本を元にしたラジオ番組がアメリカで放送されたとき、本当に火星人が襲ってきたと思ってあわてた人が多くいた、とも言われている。

火星には、いままでに何機もの探査機が送り込まれ、観測が続けられている。キュリオシティの前にはオポチュニティとスピリットという名前の探査機が送り込まれた。この２機では当初の想定より長い間観測でき、数々の画像や有意義なデータが送られてきた。

今回のキュリオシティは、これまでの探査機の５倍の大きさがある。それだけ観測機材を多く積んでいるのだ。電源は過去の探査機で使われていた太陽電池に代わって、放射性同位元素熱電発電機になった。簡単にいうと原子力電池だ。太陽電池は、火星の砂嵐で吹き上げられた砂の影響を受けたり、冬には効率が悪くなっていた。原子力電池のおかげで夜でも発電でき、観測機器に十分な電力を供給することができるようになった。

目となるカメラもより高性能になり、目的別に３種類積んでいる。またLED照明によって夜間の画像も撮影できるようになった。

また、ロボットアームに取り付けられたドリルで岩石に穴をあけ、岩石の粉末を取ることができる。粉末になった岩石はキュリオシティに搭載されている装置で、その場で分析され成分情報が送られてくる。搭載されたレーザーによって岩石を溶かして発生するガスの成分分析も行われる。そのデータが送られる通信には14分もかかる。火星はやはり遠いね。

キュリオシティはいまゆっくりと目的のシャープ山に向かっている。これからも実験を繰り返しながら火星の調査を進めていくだろう。火星に水を見つけて、生物の情報を見つけることができるだろうか。楽しみだね。火星人がびっくりして出てこないかな。

みんなの数学広場

TEXT BY かずはじめ

数学を子どもたちに、楽しく、わかりやすく、使ってもらえるように日夜研究している。好きな言葉は、"笑う門には福来る"。

問題編

初級～上級までの各問題に生徒たちが答えています。どの生徒が正しい答えを言っているか当ててみよう。もちろん、当てずっぽうじゃなく、実際に問題を解いてみてね。

答えは次のページ

上級

2013年、ある私立大学の医学部の入試問題です。

「約数の個数が12個である自然数のうち最も小さい数を求めよ」

中学生でも頑張れば解けますよ！

その答えについて、以下の3人のなかで正しいのは？

A

答えは…

2桁の奇数

意外と奇数なんじゃない。

B

答えは…

6の倍数

6の約数は素数が多いから。

C

答えは…

3桁の数

約数が12個もあるなら大きい数字だよ。

中級

今年は 2013 年ですね。
この 2013 という数字はなかなかの強者です。
さて、2013 の約数は何個あるでしょうか。

A

答えは…
2個
2013 は素数でしょ!

B

答えは…
4個
1 と 3 と 11 と 2013 の 4 個。

C

答えは…
8個
いろんな数で割りきれますね!

初級

自分の家を持たず、25 カ国の友人、知人の数学者の家を渡り歩き、83 歳で死ぬまで数学者として活躍したポール・エルデシュ。
彼が言っていない言葉はどれ？

A

答えは…
「61は素数」
確かそう言ったはず。

B

答えは…
「全自動洗濯機を使うのが得意」
最近まで生きていた人だからね。

C

答えは…
「君の頭は営業中かね?」
友だちを訪ねるときにいつもそう言ったのよね。

解答編

上級

正解は　答え **B**

約数の個数が 12 である最小の自然数は
60 なんです。
なぜならば…
中学生ならばご存じ？　約数の個数の公式です。

ある数が素因数分解して $p^a q^b r^c$ となったとします。
(p、q、r は素数)
このとき約数の個数は
$(a+1)\times(b+1)\times(c+1)$ でした。

すると、約数の個数が 12 個となるには

$12=2\times6$
$\quad=3\times4$
$\quad=2\times2\times3$　を考えると

㋐ 2 × 6 型のうち最小の数は

$(1+1)\times(5+1)=12$ コ

$3^1\times2^5=96$

㋑ 3 × 4 型のうち最小の数は

$(2+1)\times(3+1)=12$ コ

$3^2\times2^3=72$

㋒ 2 × 2 × 3 型のうち最小の数は

$(1+1)\times(1+1)\times(2+1)=12$ コ

$5^1\times3^1\times2^2=60$

したがって　60 になります。
60 は6の倍数ですね。

まるで高校入試問題ですね。

A

だいたい、奇数という根拠は
どこにあるの？

B

C

当てずっぽうはやめましょう!

中級

正解は 答え C

2013 = 3 × 11 × 61　と素因数分解できますね。
61 は素数ですから 2013 の約数は
1、3、11、33（3 × 11）、61、183（3 × 61）、
671（11 × 61）、2013（3 × 11 × 61）

8 個ですね。

2013 は素数では
ありませんよ!

惜しいですね、
61 を忘れてます。

初級

正解は 答え B

数学以外はてんでダメだったというポール・エルデシュ。

全自動洗濯機の使い方がわからなくて、床を水浸しにしてしまったことがあるそうです。

しかし、発表した数学の論文は 1500 以上。
7 × 9 を「答えは 61 ではない。なぜなら 61 は素数だから…」などと言いながら計算していたそうです。
そしてなんといっても「君の頭は営業中かね？」という言葉。

いつも頭を使っている彼ならではの名言です。

そう、61 は
素数なんですよ。

それが一番の
名言ですよ!

先輩に聞け！
大学ナビゲーター

形を研究しました

東京農工大学

農学部地域生態システム学科４年

志村《しむら》　優紀《ゆき》さん

農家の人を応援する形で農業に携わった４年間

――東京農工大の農学部を受験したきっかけを教えてください。

「高校のころから、食品に関係する仕事がしたいという気持ちがありました。もともとは食品の研究や栄養士の仕事に就きたかったのですが、食べものに関係する仕事について、もっと視野を広げて考えたときに、農業が根本にある仕事が農業だと思ったので、農業に携われる東京農工大の農学部を選びました。」

――授業はどうでしたか。

「私は野菜の品種改良や研究などに興味があったのですが、受験のときは学科について理解不足で、選ぶ学科を間違えてしまいました。私の選択した地域生態システム学科は、農業を行う地域に観点をおいた勉強が多いので、入学したばかりのころは自分

農家の方に誘われて行った、青森県のねぶた祭りの様子

青森県のパプリカ農家で試食しているところ

【熊本県でのインターン】

2年生の春に、熊本県の山奥にある村おこし施設に1週間インターンに行きました。施設の仕事では、食育講座のイベントで鶏を丸ごとさばき、料理して食べるという衝撃的な体験をしました。

空港からバスで3時間もかかるその場所は、ほかに娯楽施設もなく、その施設が地域の方の憩いの場になっていました。小さな集落でしたが、夜は地域の若者が体育館に集まってバスケットボールをするなど、都会ではあまり見られない光景があり、人の温かさに触れられた体験でした。そこでの仕事がすごく楽しかったことが、公務員になろうと決めたきっかけです。

【将来の目標】

インターンで行った熊本県の施設のような、人が集まる場所を作りたいです。公務員は行政の一員として地域とかかわりますが、いつか全部自分で企画してイベントを行ったり、まちづくりをしてみたいです。

のやりたい勉強ではなかったので戸惑いました。」

――その後気持ちに変化はありましたか。

「1年生で行った農村実習が、気持ちが変わるきっかけになりました。農村実習では、農家の人の家に泊まらせていただいて生活をともにしました。その経験から、農業に携わるには、農業を行う人がもっと農業をしやすい環境を作るという貢献の仕方もあるんだと知り、そこからは農業を行う人や環境について勉強しています。」

――4年生の卒業研究では、なにをテーマに研究しましたか。

「私は農業者支援を軸に、若い人がもっと農業をやりたくなる仕組みについて考えました。

　担い手不足による農業就業者の高齢化が進んでいますが、若い人が農業をやりたがらない理由の1つに、収入が少ないという点があります。それを改善するためにも、いま農業では6次産業化という取り組みが始まっています。1次が農業、2次が加工、3次が販売で、1～3のすべてを農家の人が行うのが第6次産業です。それらの過程を一貫して行うことで、より多くの利益を生み出すことが目的です。卒業研究では、6次産業化を取り入れている農家が、実際どのくらいの効果が得られているか、ということに着目して、研究を進めました。」

――どのような調査をしましたか。

「青森県に5回ほど出向き、6次産業化を行うたくさんの農家の方にヒアリング調査をしました。青森県特産のニンニクを育てて味噌を作る人、トマトを育て、ジュースにする人など、みなさんの意気込みを感じられる調査でした。若い息子さんといっしょに親子で農業をされていたり、後継者不足だと聞いていたけれど、青森県のみなさんが頑張っていることに感動しました。調査ではたくさんの方に協力していただいたので、きちんとした論文を書いてお礼をしたいという気持ちで卒業研究を仕上げました。」

――卒業研究を通して感じたことを教えてください。

「たくさんの農家の方とのふれあいを通して、私は人と話すことや身体を動かして人とかかわることが好きなのだと気づきました。高校のときは、研究室で白衣を着て食品の研究や実験をしている姿に憧れていましたが、研究より積極的に人とかかわりたいという思いが強くなりました。大学の4年間を通して、自分の好きなことが見つかったのでうれしいです。」

――卒業したらどのような仕事をしますか。

「自分の生まれ育った土地について、もっとよく知りたいと思ったので、地元の神奈川県藤沢市の市役所で公務員として働きます。大学では農家の人を応援したいという気持ちが強かったので、そのときと同じように、公務員として自分の育った町で市民の力になれるように頑張ります。」

若い人にも広がりを見せる新しい農業の

【楽しかった寮での生活】

　3年生のころに、初めて実家を出て大学の寮で1人暮らしをしました。寮は学校から5分もかからない場所にあり、それまで2時間近くかけて通っていた藤沢に比べて近いので、とても楽でした。

　寮のキッチンやお風呂は共同なので、たくさんの友人ができました。食事を済ませたあと、キッチンでくつろいでいると友人が集まってきて世間話をしたりと、寮生活には普通の1人暮らしでは味わえない楽しさがあります。

【高校受験のときの勉強法】

　試験のときなど、すべての範囲を網羅したい性格なので、試験のたびにまとめノートを作っていました。ノートを作るとその課程で覚えることができます。

　まとめたあとは、ノートに書いたことをひたすらブツブツとしゃべりながら勉強していました（笑）。家のリビングなどでもしゃべります。口に出すと覚えられるのでオススメです。覚えたら次はノートを見ないでしゃべるなど、繰り返ししゃべりながら勉強していました。

【受験生へのメッセージ】

　中学生くらいの年代は、勉強ができるかできないかで計られるところがありますが、あまり気にしないでほしいです。勉強も大切ですが、自分の得意なことをなにか1つでも見つけて伸ばしてください。

　私は小さいころから勉強が得意で褒められることもありましたが、大人になると、人と話すことや、学校の勉強以外のこともとても大切なのだと気がつきました。部活やアルバイトなど、なにに対しても頑張ることができるということが大事なのだと思います。

あたまをよくする健康

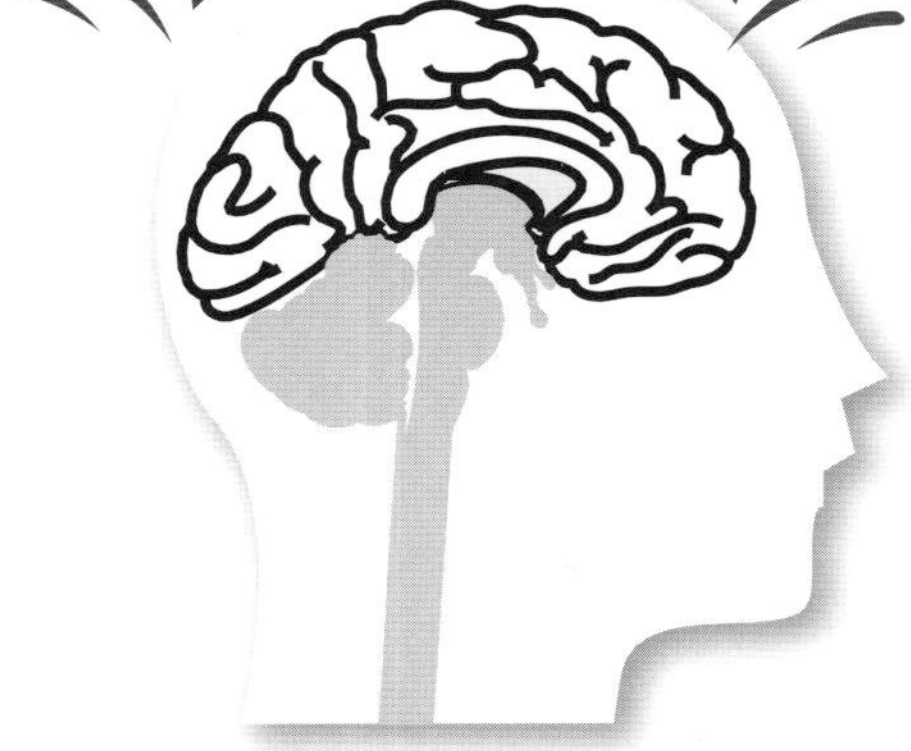

ナースであり
ママであり
いつも元気な
FUMIYOが
みなさんを
元気にします！

by FUMIYO

今月のテーマ

体調を崩しやすい季節

ハロー！　FUMIYOです。少しずつ春が近づいてきました。街中も春色の洋服を見かけることが増え、ウキウキした気分になってきましたね。厚手のコートから少し薄着にしようかなーと服装に少し頭を悩ます季節。思ったより寒かった…と肌寒い思いをしたこともありますよね。冬から春になっていく季節の変わり目。確かに風邪気味だったり、身体がだるかったり。どうして体調を崩しやすいのでしょうか？

季節の変わり目と聞いて、みんなは、どんなことを想像するかな？　卒業・入学のシーズン、進級、クラス替え、花粉症…いろいろ浮かんできますね。身体の環境も変化し、心の環境も変化する時期です。

私たちの身体には、いつでも一定の状態を保とうとするすばらしい仕組みがあります。人間の体温（平熱）を保とうとして、身体が寒いと感じると、皮膚から「寒いよ！」と脳に刺激が伝わります。そして脳からは自律神経を通して、体温を下げないように体内で熱を作り、平熱を保つように働いています。

季節の変わり目は、朝と夜の寒暖の差が激しく、また日によって気温の差が大きい日もあります。その気温の差に自律神経が対応しきれなくなってしまい、体温を一定に保つ仕組みがうまく対応できず、抵抗力や免疫力が弱まってしまいます。その結果、体調を崩しやすくなったり、風邪を引きやすくなります。

では、どのように過ごしたら体調を崩さずにいることができるのでしょうか？

１．体温調節機能を高めよう！

人間は、寒いと感じると、交感神経が働き、体内でエネルギーを作り出します。そのため、自分の身体のエネルギーをスムーズに使い、体温を一定に保つことができるよう、身体に備わっている調節機能を刺激しましょう。例えば、薄着の心がけや乾布摩擦などはいかがでしょうか。

２．規則正しい生活を心がけよう！

心身ともに疲れていると、体内の調節機能も弱ってきてしまいます。まずは、しっかり栄養をとり、しっかり睡眠時間を取りましょう。

３．ストレス発散をしよう！

季節や環境の変わり目では、身体が少し無理をしてしまい、知らず知らずにストレスを溜めてしまいがちです。また、花粉症を持っている人は、症状が現れてつらくイライラする日もありますね。こんなとき、身体はストレスを感じています。ぜひ、スポーツや読書など好きなことをする時間を作り、ストレス発散をしましょう。

身体は冬から春に向けてゆっくり準備しています。お出かけの際は、体温調節のしやすいようにはおるものを準備して、過ごしやすい春の季節を満喫しましょう。

Q1　体温を一定に保っている身体のメカニズムをなんと言うでしょうか？

①ホメオスタシス　②フィードバック
③サイクレーション

正解は①のホメオスタシスです。
日本語では恒常性と呼ばれます。身体がさまざまな環境の変化に対応して、血液を一定に保ったり、体温調節を一定に保つことを言います。

Q2　乾布摩擦はどのようなことをするのでしょうか？

乾いたタオルで…
①頭をこする　②顔をこする　③身体をこする

正解は③の身体をこすることです。
昔は学校などでも行われ、上半身裸になり、乾いたタオルで身体をこすっていました。皮膚に刺激を与えることによって自律神経の働きを高めると言われています。

あれも日本語 これも日本語

第38回 相《す》撲《もう》から生まれた言葉

相撲は日本の国技とも言われ、国民的な人気スポーツだけど、相撲用語から一般的な日常語になった言葉もたくさんあるよ。

まずは「うっちゃり」。うっちゃりは決め手の1つで、土俵際に追い詰められた力士が相手のまわしをつかんで、逆に相手を自分の後ろの土俵下に投げ倒す技のこと。そこから、土壇場で形勢を逆転させて、勝利を得ることを言うようになった。「最後にゴールを決めて逆転、相手をうっちゃった」のように使う。

うっちゃりと逆なのが「勇み足」。相手を土俵際に追い詰めて、もう少しで押し出すところまできながら、自分の足が勢いあまって先に土俵の外に出て負けてしまうことを言う。そこから、うまくいっていたのに、調子に乗り過ぎて負けてしまうことを言うよ。「短距離でスタートが早すぎて失格になっちゃった。勇み足だった」なんて使う。

「つっぱり」。両手を交互に突き出して押しまくる技のことだけど、一般的には攻勢をかけまくることを言うんだ。「最初、相手はぼくの意見に反対したけど、つっぱりまくってこちらの意見を通した」とかね。

相撲といえども、やってはいけない技がある。それが「禁じ手」だ。まげをつかんだり、腹を蹴ったり、首を絞めたりしてはいけないんだ。そこから禁止されている方法のことを禁じ手という。

「がちんこ」は真剣勝負のこと。力士がぶつかりあう音から出た言葉と言われる。最近はがちんこを略して「がち」とも言うよね。「あいつにはがちでぶつからないと負けるぞ」など。

「痛み分け」は取組中、片方の力士が負傷して、それ以上相撲がとれなくなった場合、痛み分けとしている。いってみれば引き分けだけど、再試合はないので、星取表には「△」がつけられる。一般には「ぼくと彼のどちらが正しいか議論となったけど、双方の意見が却下されて痛み分けとなった」というように使うんだ。

これ以外にも、相手の力をかわすことを「いなす」というし、最後の取り組みのことから、これで終わりにすることを「打ち止め」という。というわけで、今回はこれで打ち止め。

Success News
ニュースを入手しろ!!
サクニュー!!

産経新聞編集委員
大野 敏明

▶PHOTO　1月29日、有害物質を含む濃霧に覆われ、大気汚染が深刻化する中国・北京市内で自転車に乗る市民。時事　撮影日:2013-01-29

今月のキーワード
中国の大気汚染

中国の大気汚染が日本でも大きな問題になっています。

中国では近代化が進み、自動車が急増。排気ガスが増え、また工場の煤煙《はいえん》もそのまま大気に流れ出すため、大気汚染が進み、多くの人の健康に悪影響が出ています。

今回問題になっているのはPM2.5と呼ばれる微小粒子状物質です。直径2.5μm（マイクロメートル）以下なので、こう呼ばれます。μmは100万分の1mのことです。この物質は、自動車の排気ガスや焼却炉の煤煙がおもな発生源で、人間が吸い込むとぜんそくなどの健康被害をもたらすことが報告されています。

中国政府によると、今年1月に発生したPM2.5による濃霧は中国国土の4分の1に広がり、6億人に影響が出たといいます。とくにひどいのが、首都北京を中心とした地域で、数百m先が見えず、自動車が昼でもライトをつけて徐行したり、多くの人が外出を控え、外出する際はマスクをするなどの対策をとっています。

市民から非難が相次いでいることから、北京市は工場や自動車の汚染物質排出基準を厳格に適用し、旧式の工場を閉鎖するなどの条例案を審議することにしていますが、状況の改善にはほど遠いのが現状です。

北京市周辺に住む日本人のなかには、家族を帰国させる動きも出始めています。

また、北京にある日本人学校では、各教室に空気清浄機を導入、屋外での活動を控えるなどの対策をとっています。

日本への影響も懸念されています。毎年、春先には、黄河流域の砂が偏西風に乗って日本にまで飛来する黄砂が観測されますが、今年はすでに黄砂の前に、中国のPM2.5の飛来が観測されています。

環境省によれば、1月以降、日本の環境基準である1㎡あたり35μgを超える事例が九州北部を中心に相次いでおり、これから春先にかけて黄砂とあいまって、影響が拡大することが懸念されています。

日本政府は北京の日本大使館に数人の医師団を派遣して、日本人の健康診断にあたることを決め、また中国政府に環境面の技術協力を申し入れていますが、それで、ただちに汚染が除去されるわけではありません。

日本では、いまのところ、通常の人への影響は心配ありませんが、呼吸器系の疾患を持つ人には悪影響が出る可能性があることから、政府も頭を痛めています。

大切な「カラダ」の仕組みを理解して使いこなそう！

『トリセツ・カラダ』

『チーム・バチスタの栄光』シリーズでおなじみの作家・海堂尊さんは現役の病理医（病理解剖などを行って、病気の原因・過程を診断する専門の医師）でもある。

今回紹介する『トリセツ・カラダ』は、その海堂尊さんがみんなのような年齢の人たちに向けて書いた「読み終わった時『カラダ地図』を描けるようにする」ための本だ。

でも、「カラダ地図」ってなんだろう。

「それは、カラダ内部のイラスト」だ。

まずは、自分のカラダの内部がどうなっているか、ちょっと思い浮かべてみよう。心臓はどこ？　肺は？　胃は？　腸は？

それをこの本の「序論」のあとにある白紙の「カラダ地図」に描き込んでみよう。

できたかな？　案外難しいんじゃないだろうか。

「カラダ地図」を描けることとは大切なことだと著者は言う。なぜなら、「カラダは君の大切な、たったひとつの持ち物」で、これからいろいろな場所でさまざまな経験をしていくみんなにとって、その大切な「カラダ」のことを知っておけば、絶対に役に立つからだ。

とはいえ、「医者でもないのに、カラダのなかのことをちゃんと描けるわけない」と思う人もいるだろう。「そんな専門書なんて難しくて読めないよ」と言う人もいるだろう。

でも大丈夫。この本は医者じゃなくたって「カラダ地図」が描けるようになるために、わかりやすく、楽しく、カラダの「取扱説明書」が書かれているから。

もちろん専門用語も出てくるけれど、わかりやすい著者の例えとともに、ところどころにヨシタケシンスケさんのイラストがそれをサポートするように登場するので、「そういうことか」と頭に入ってきやすいんだ。

論より証拠。まずは手にとってみて読んでみよう。

パラパラと流し読みしていても、何度か見ていれば「カラダ地図」が描けるようになりそうなぐらい、わかりやすく書かれているから。

『トリセツ・カラダ』

著／海堂尊　絵／ヨシタケシンスケ
刊行／宝島社
価格／952円＋税

熱中！ 感動！ スポーツ映画

ティン・カップ

1996年/アメリカ/ワーナー・ブラザーズ/監督:ロン・シェルトン/

「ティン・カップ」DVD発売中
2,100円（税込）
発売元:ワーナー・ホーム・ビデオ

スポーツの意義とはなにか

スポーツの目的は、ただ勝つことだけではありません。見ている人に感動と興奮を届け、自分自身に胸を張れるプレーをすること、そしてチャレンジスピリットを持ち続けることが、ときには勝利よりもずっと大切なのです。

それを思い出させてくれるのが、ケビン・コスナー演じる、プロゴルファーのロイです。

愛する人のために立ちあがり、挑戦した全米トーナメント。ロイは優勝をかけてファイナルラウンドまで残ります。1打差の激しい優勝争いをしてきたロイでしたが、最後に彼の選んだ道は、思いもよらないものでした。しかし、この日一番の観衆のため息、絶望、そして、一番の拍手と感動が、その意義をたたえてくれます。ただ勝つことや、ベストスコアをたたき出すことに盲目的になっているスポーツマンに見てほしい映画です。

代役をいっさい立てずに、自らショットを打っているケビン・コスナーの見事なスウィングも見もの。ところどころにユーモアを効かせたシーンが散りばめられているのも魅力です。

GOAL!

2005年/アメリカ・イギリス/東芝エンタテインメント/監督:ダニー・キャノン/

「GOAL!」DVD発売中
発売元:ショウゲート
販売元:ポニーキャニオン

FIFA公認サクセスストーリー

スポーツの世界で一流になれるのは、ほんのひと握りの人々です。才能だけではなく、努力する心、そしてなにより、夢を諦めない気持ちを持ち続けていれば、いつかチャンスがめぐってくるということを、この映画は語っています。アメリカへ不法入国し、貧しい暮らしを送っていたサンティアゴもそうでした。彼はプロサッカー選手をめざし、毎日練習に明け暮れていました。優れたセンスを持つ彼のプレーは、偶然にもイギリス人の元スカウトマンの目に留まります。

挫折しながらも、夢に向かって突き進む、素直で誠実な人柄のサンティアゴを、心から応援したくなります。気難しい監督や、自信家のビッグスターなど、周囲を取り巻く人々も一筋縄ではいかないキャラクターばかりですが、だれもがサッカーを愛しており、表現の仕方こそ違いますが、向いている方向は同じであることも感じられます。

国際サッカー連盟（FIFA）公認の本作には、ベッカム、ロナウド、ジダン、中田英寿らも特別出演。なお本作は、3部完結となっています。

ピンポン

2002年/日本/アスミック・エース/監督:曽利文彦/

「ピンポン」DVD発売中2,000円（税込）
発売:アスミック、小学館
販売:角川書店

異色の青春スポーツ映画

卓球をテーマにしたちょっと珍しい青春映画です。見せ場はなんといっても試合シーン。CGと超スローモーションを駆使した映像は、ラケットの角度によるボール回転の精巧さを感じることができるほどの臨場感です。激しいスマッシュとカットが繰り返されるラリーシーンでは、卓球のスピード感や、ダイナミックな動きを楽しめます。

迫力ある試合をはじめ、主人公が挫折を感じたり、そこから立ち直って特訓するシーンなど、スポーツ映画に欠かせない要素はすべて入っているのですが、どこか普通のスポーツ映画と一線を画しているように感じられるのは、窪塚洋介演じる主人公ペコの、自由気ままな性格があるから。自分のやり方を貫き通すペコの存在感も本作の魅力の1つです。

ストイックなドラゴン、中国人留学生のチャイナ、ペコの幼なじみのスマイルなど、個性的なライバルたちも大会を盛りあげます。彼らには、どんな結末が待っているのでしょうか。

原作は週刊ビッグコミックスピリッツで連載された松本大洋の漫画作品です。

ミステリーハンターQの
歴男歴女養成講座

ミステリーハンターQ（略してMQ）

米テキサス州出身。某有名エジプト学者の弟子。1980年代より気鋭の考古学者として注目されつつあるが本名はだれも知らない。日本の歴史について探る画期的な著書『歴史を掘る』の発刊準備を進めている。

春日 静

中学1年生。カバンのなかにはつねに、読みかけの歴史小説が入っている根っからの歴女。あこがれは坂本龍馬。特技は年号の暗記のための語呂合わせを作ること。好きな芸能人は福山雅治。

山本 勇

中学3年生。幼稚園のころにテレビの大河ドラマを見て、歴史にはまる。将来は大河ドラマに出たいと思っている。あこがれは織田信長。最近のマイブームは仏像鑑賞。好きな芸能人はみうらじゅん。

建武の新政

鎌倉幕府滅亡後、後醍醐天皇が行った建武の新政。わずか3年弱で崩壊してしまった理由とは？

勇 鎌倉幕府が倒れた1333年（元弘3年）から、今年は680年経つんだね。

MQ 鎌倉幕府崩壊の翌年、建武の新政が始まったね。1334年から3年弱が建武の新政の期間とされているね。

静 どうして鎌倉幕府は崩壊したの？

MQ 1274年と1281年の2回にわたって元寇があり、幕府財政は逼迫《ひっぱく》し、撃退に活躍した御家人に恩賞を与えることができなかったんだ。このため、幕府への不満が高まったんだ。御家人の生活は困窮し、幕府は徳政令を出したりしたけど、混乱を招いて、幕府の権威は失墜、財政もがたがたになってしまった。執権、北条氏の専制政治にも不満があったね。

勇 後醍醐天皇が登場するんだよね。

MQ 後醍醐天皇は天皇自ら政治を行おうとして、鎌倉幕府の有力御家人である足利尊氏や新田義貞らの協力を得て、幕府を滅亡に追いやり、新しい政権を京都に作ったんだ。

静 それがどうして3年弱で崩壊しちゃったの？

MQ 天皇は雑訴決断所《ざっそけつだんじょ》、武者所《むしゃどころ》などを新設して、国司と守護を併置し、公家と武士による共同統治をめざしたんだけど、公家を重んじてしまい、共同統治はうまくいかず、武士からの不満が高まっていったんだ。

勇 足利尊氏が反乱を起こしたの？

MQ そう。尊氏は大覚寺《だいかくじ》統の後醍醐天皇とは別に、持明院《じみょういん》統の天皇を立てて、後醍醐天皇を京から追い出してしまったんだ。

静 せっかく政権を握ったのに、後醍醐天皇は残念ね。

MQ そうだね。後醍醐天皇はいまの奈良県の吉野に逃れ、京と対立したため、南北朝時代と呼ばれるようになる。

尊氏は1338年、征夷大将軍に任じられ、京都の室町というところに幕府を開いたんだ。これを室町幕府とか足利幕府という。

勇 後醍醐天皇はどうなったの？

MQ 南朝と北朝はその後も争いを繰り返し、全国の武士は南北朝のいずれか優勢な方に加担して、領地争いを繰り返した。後醍醐天皇は1339年に亡くなったけど、その皇子の後村上天皇が継いで争乱は続いた。争乱は南北朝が統一される1392年まで続いたんだよ。こうした混乱は室町幕府の権力基盤を弱くしていったんだ。

南朝を率いた後醍醐天皇

高校受験 ここが知りたいQ&A

Q ノートの上手な使い方を教えてください

学校や塾の授業、復習などにおけるノートの使い方に迷っています。予習用、復習用というようなノートを用意しているのですが、あまりうまくいきません。ノートの上手な使い方ってありますか。

（江東区・中2・KS）

A ノートを有効活用するためにも予習・授業・復習をまとめた1冊に

ノートをとる、作成するときに大切なのは、そのこと自体に意味があるわけではないということです。あくまで、ノートは作成後にも有効に利用すべきものであることを大前提として理解してください。ときどき、カラフルに色ペンを使って見た目にも美しいノート作りをしている人がいます。色を活用して内容を分類したり整理するのはよいですが、きれいなノート作りに熱中してしまい、内容が頭に入っていかないのでは意味がありません。

ノートは授業中に作成するだけではなく、復習の際に見直すことが大切です。学校の授業用と塾用のノートは教材が異なりますから、別のものにした方がいいでしょう。ただし、それぞれのノートは、予習用・授業用と分割せずに、1冊に予習・授業・復習をまとめた方が効果的です。授業でメモした事項に復習で書き加えたり、ノートを見開き利用し、左側ページが授業、右側ページに予習・復習という使い方も有効です。さらに使いやすいノートにするために、必要があれば各種資料プリントなどをノートの該当学習部分に貼り付けておくという工夫もしてみましょう。

いずれにしても、自分で作成したノートが最良の参考書となっていくようにしたいものです。

受験情報

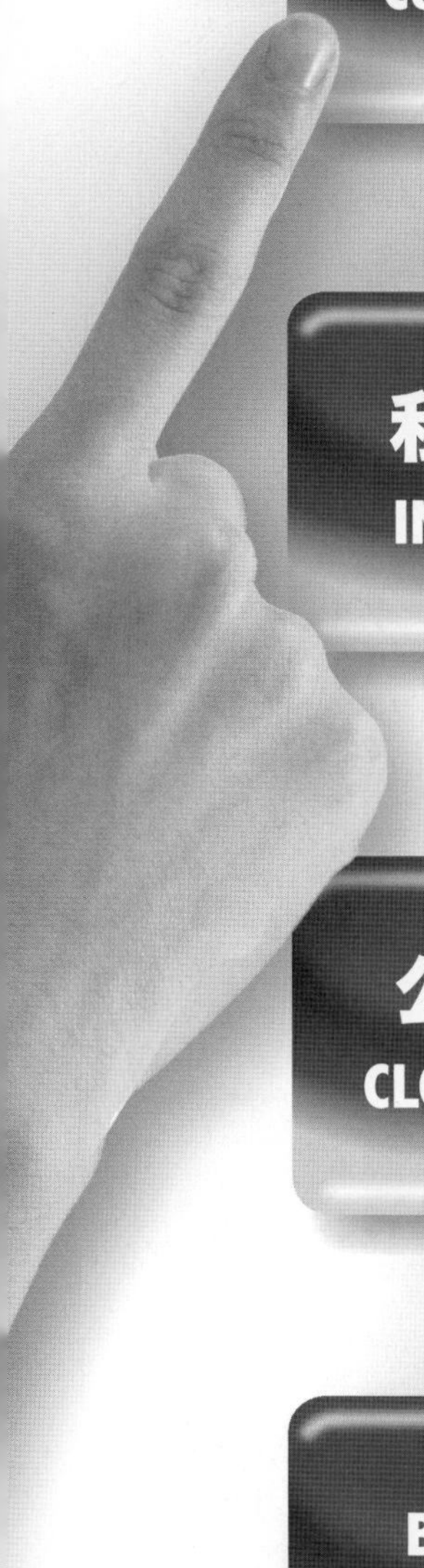

Educational Column

15歳の考現学

高校に進んだら
さまざまな問題にぶつかったり
つらいことも起きるかもしれない
それを主体的に乗り越えるためには

私立 INSIDE

私立高校受験

東京都の私立高校
一般入試の応募傾向速報

公立 CLOSE UP

公立高校受験

公立高校入試システムの
変更とその動向

BASIC LECTURE

高校入試の基礎知識

学校選びの基礎
どう違う国立・公立・私立高校

東　京

都立高校一般入試は倍率1.43倍

東京都教育委員会は、2013年度の都立高校一般入試の受検状況を発表した。

2月23日に一般入試が行われた全日制173校の平均受検倍率は1.43倍で、2012年度より0.01ポイントの減となった。

この日は、すでに終了した海外帰国生徒枠を除いた全日制の募集人員3万1023名に対し、4万4310名が受検した。

出願したものの、私立高校に合格したことなどで受検しなかった生徒は2477名。不受検率は5.3%で、前年度よりも0.9ポイント減少した。不況感などから首都圏全体で公立志向が見られ、東京も例外ではない。合格発表は2月28日に行われた。

東　京

国際高校が進学指導特別推進校に

東京都教育委員会はこのほど、都立高校のうち進学指導特別推進校と進学指導推進校の指定を更新した。進学指導特別推進校には、現在指定している5校（国分寺、駒場、小山台、新宿、町田）に加えて、進学指導推進校から国際を新たに指定した。国際は1989年に普通科の赤城台を改編して開校した国際学科の高校。

進学指導推進校は、現在指定している14校のうち、国際以外の13校（江戸川、北園、江北、小金井北、小松川、城東、墨田川、竹早、豊多摩、調布北、日野台、三田、武蔵野北）を引き続き指定。指定期間は2014年度から2017年度まで。

森上《もりがみ》 展安《のぶやす》

森上教育研究所所長。1953年、岡山県生まれ。早稲田大学卒業。進学塾経営などを経て、1987年に「森上教育研究所」を設立。「受験」をキーワードに幅広く教育問題をあつかう。近著に『教育時論』（英潮社）や『入りやすくてお得な学校』『中学受験図鑑』（ともにダイヤモンド社）などがある。

15歳の考現学

高校に進んだらさまざまな問題にぶつかったり
つらいことも起きるかもしれない
それを主体的に乗り越えるためには

「体罰」がはびこる原因を醸成している温床はないか

大阪市立桜宮高校バスケット部主将が、顧問の教諭から体罰を受けた末に自殺した事件に端を発した指導における「暴力」の問題は、女子柔道界への広がりも見せるなど社会問題として注目を集めています。

さまざまな問題点が指摘されていますが、こと桜宮高校については入試直前のこの時期の解決策として普通科募集で継続して生徒を募集し、従来のスポーツ系2科の入試をしない、という方針が出た、と報道されています。受験生に配慮しての結論だったのでしょう。問題解決ではないにせよ問題提起にはなったということでしょうか。

筆者が桜宮高校の件で懸念していることは、大阪の公立高校進学が未だに公立中学校長、もしくは担任による強力な進路指導のもとで行われているらしいという現実です。

もっともそうした実体が全国の公立中学で常態化していた時代がありました。高校進学率が急伸した70年代のことで、さすがに近年の全入時代に中学浪人を心配する公立中学の先生は皆無でしょう。しかし、その時代の習慣が大阪の場合、まだ根強く残っている、と指摘する声があります。

それ自体の是非を論ずるのが本稿の目的ではありません。ただそのような慣習が、仮に未だ残っているとすれば桜宮高校に進学するにあたって、その生徒は公立中へのロイヤリティがそのまま桜宮高校に移行し、学校に対してなかなか異を唱えることは難しい状況におかれてもいるし、そのことになんら痛痒《つうよう》を感じていない可能性もあります。

これが通常の公立高校にみられる入試同様、学力、校風で選んで入学していれば、体罰が日常化した学校なら、学校に対して生徒、保護者は指導法に正当に異を唱えることでしょうし、また、唱えやすいでしょう。

今後、大阪市教育委員会でこの体罰をめぐる桜宮高校の運営について改善策が議論されるのでしょうが、筆者の観点から言えば、むしろ高校進学にあたって仮に筆者が想像して前述した「進学」指導の実体があるのならば、まずは、その解除を実現しなければなりません。

自由意思に基づく高校進学をした生徒であれば、たとえば「いじめ」などがあった場合でもしかるべく教育委員会に訴えて他校へ転校を申し出る道を選ぶでしょうし、「体罰」にいたっては、当該教諭を告発するかもしれません。

もっとも筆者が知る内容は報道以上のものを出ませんが、少なくとも指摘されているような「進学」体質が大阪市にあるならば、学校社会を閉鎖的にする根源ですから、「暴力」の温床を醸成している可能性があることを指摘しておきたいと思います。

暴力は閉鎖社会に育つという指摘を肝に銘じたい

日本経済新聞日曜版（2月10日）の「中外時評」には大島三緒論説副委員長の「暴力は閉鎖社会に育つ」という記事が掲載されています。

このなかで、江守一郎著『体罰の社会史』を引用して、江戸時代の藩校や寺子屋は総じて体罰には抑制的で「熊沢蕃山などの儒学者も体罰がいかに有害無益かを説いている」としています。

現代の教育学では、威圧的にハードなトレーニングを強要するスパルタ指導は、一時的には効果をあげるもののスパルタ指導者がいなくなると二度と効果をあげられなくなる、とその効能を否定しています。

「体罰」は論外ですが、ではハードで威圧的、脅迫的な指導はグレーゾーンだ、とされるならばどうでしょう。恐らくパワハラが常態化することになるのではないでしょうか。

桜宮高校や女子柔道も含めて「体罰」の問題を論ずる場合、筆者の2番目の論点は、スパルタ指導に対する教育学的な理解もおさえておくべきだということにあります（第1の論点は、閉鎖社会になっていないか、という前述の大島氏のコラムと同調することになります）。

それというのも、高校のクラブ活動は甲子園大会出場にみるように、すばらしいレベルに達することをめざすだけに相当のトレーニングが要求されます。

そのような厳しいトレーニングを自己に課すのに「やらされ感」ばかりで取り組めば、それが第三者から見てスパルタ指導というほどハードか否かはともかく、まぎれもなく自己否定の連続で一度として自己評価を高めることのないトレーニングになってしまいます。じつはこれこそスパルタ指導と同じで、一時的には成果をあげても、長続きすることはありません。

高校生活での問題を主体的に乗り越えるために

みなさんが高校に進むにあたってよい指導者のいるクラブに入れば、自己肯定感を刺激する助言がもらえることでしょう。

そしてそれはクラブ内にとどまらず学生生活をより豊かにしてくれる「心の習性」を育むものになると思います。

ところで、先の大島氏は、学校教育に「体罰」が常態化したのは軍が教育への介入を強めた時期だ、としています。

これはもう筆者のような「戦争を知らない」世代が中高年になったいまだからこそおさえておくべきことでしょう。

というのも「体罰」そして「いじめ」は不登校の大きな契機、原因になっています。その先には数万といわれる「引きこもり」の若者がいます。

こうした若者を「社会科」するのに、軍隊経験が有用ではないかという議論をする人々がいるのですが、日本の軍隊のこのような過去の伝統からいうと、むしろそれは危険な考え方ではないか、といわざるをえません。

といって「引きこもり」の若者を社会科する有力な方法論はいまのところ見つかっていないように思います。だからこそ、こういった議論も起こってくるのでしょう。

15歳のみなさんにとって先々の問題を考えるよりも、やりたい仲間が集うクラブ活動で、どうすればお互いに建設的で、実りある活動になるのかを日々話しあって作りあげる。まず実践してみる、そういったことの方が重要です。

その解決策のなかから将来の社会問題を解くカギも見つかるものだ、と楽観しておいた方がよいと思います。

でもそれはやはり1人ではできないことですし、日常的には経験しづらいことでもあります。できれば、合宿を伴う経験をして深く相互に議論をする、同じ体験を共有する——いわば寮体験をするとよいでしょう。

その折りに必要なのは生徒がお互いにリーダー役をやってみることです。また、それこそコーチ役としてよい顧問の先生にもいてもらいたいですね。

「体罰」「いじめ」問題を主体的に乗り越えるためには集団生活の体験は欠かせないと思います。

私立 Inside

東京都の私立高校一般入試の応募傾向速報

このコーナーは、受験生と保護者に首都圏の私立高校やその入試システムについて知っていただくためのスペースです。とりわけ受験学年である中学3年生には役立つ知識を取り扱う連載となります。今回は、東京都生活文化局が2月4日、都内私立高校の一般入試応募状況について中間発表した内容（1月29日正午まで）を掲載します。来年、私立高校受験を考える際の参考としてください。

今春も高倍率は変わらず私立の中間応募者数6万超

本誌がお手元に届くころには私立高校入試の最終状況も出揃うころでしょうが、本誌の締め切りまでには、まだ中間状況しか手に入れることができませんでした。

ここでは東京都の私立高校一般入試について、その中間集計を掲載し、まとめてみます。

都内私立高校一般入試の願書受付は1月25日に始まりましたが、この中間集計は同29日正午までの出願をまとめたものです。昨年までも同時期の調査で統計をとっているため、全体の応募傾向をつかむことができます。

発表された東京私立一般入試の中間応募人員は6万人を超えて6万806人。昨年より大幅に増えました（昨年は5万1600人）。

応募者数（中間）が6万人を超えたのは、都立高校が学区を全廃した2003年度入試以降では初めて。応募倍率（中間）も2001年度以降で最も高くなっています。

中間ではありますが、私立高校への応募がこれだけ増えたのは、今年の入試から都立高校の推薦枠が縮小されたことが大きいものと思われます。安全策の1つとして、私立への併願が拡大したということでしょう。また公立が一本化した神奈川からの応募者も増えているものと思われます。

今回の中間集計で対象となったのは全日制の183校で、昨年と変わりませんでした。この中間集計締切以降から願書受付が始まる学校があり、応募人員は最終締切までに少し増えることになります。

特進コースや選抜コースの魅力が応募者増に好影響

では、ここからは左ページの表を見ながら解説していきましょう。

【表1】の通り、中間時点（1月

29日正午）までの応募者の合計は6万806人で、昨年同時期より9206人と大幅に増えています。中間応募倍率は2・99倍で、これも昨年よりは0・44ポイントあがり、一般入試は高い倍率が続いています。

なお、前述のとおり、この表の集計翌日の1月30日以降募集を始める学校が16校16学科あり、その募集人員の合計は612人です。**【表1】**のうち、募集人員の項にはこの人員を含んでいますが、必然的に応募人員には含まれていません。**【表1】**の最下欄に、参考までに昨年までの最終倍率を示しておきました。13年度入試の最終倍率は中間倍率よりも大きくあがりそうです。

【表1】募集人員、応募人員及び中間倍率等の推移

	08年度	09年度	10年度	11年度	12年度	13年度
募集校数	191校	191校	190校	186校	183校	183校
募集人員	21,690人	21,153人	20,745人	20,561人	20,256人	20,370人
応募人員	47,061人	43,597人	55,307人	52,788人	51,600人	60,806人
中間倍率	2.17倍	2.06倍	2.67倍	2.57倍	2.55倍	2.99倍
調査日	1月28日	1月28日	1月28日	1月28日	1月27日	1月29日
最終倍率	3.41倍	3.49倍	3.77倍	3.58倍	3.70倍	—

（注）応募人員は中間、中間倍率＝『応募人員（中間）÷募集人員』

【表2】男女校別、普通科・専門学科別中間倍率（単位：人）

		普通科			専門学科			計		
		募集人員	応募人員（中間）	中間倍率	募集人員	応募人員（中間）	中間倍率	募集人員	応募人員（中間）	中間倍率
男子校	13年度	2,250	6,606	2.94倍	253	438	1.73倍	2,503	7,044	2.81倍
	12年度	2,296	6,075	2.65倍	253	352	1.39倍	2,549	6,427	2.52倍
	増減	−46	531	0.29	0	86	0.34	−46	617	0.29
	増減率	−2.00%	8.74%		0.00%	24.43%		−1.80%	9.60%	
女子校	13年度	4,100	5,087	1.24倍	447	554	1.24倍	4,547	5,641	1.24倍
	12年度	3,977	4,220	1.06倍	445	498	1.12倍	4,422	4,718	1.07倍
	増減	123	867	0.18	2	56	0.12	125	923	0.17
	増減率	3.09%	20.55%		0.45%	11.24%		2.83%	19.56%	
共学校	13年度	12,188	45,184	3.71倍	1,132	2,937	2.59倍	13,320	48,121	3.61倍
	12年度	12,154	38,197	3.14倍	1,131	2,258	2.00倍	13,285	40,455	3.05倍
	増減	34	6,987	0.57	1	679	0.59	35	7,666	0.56
	増減率	0.28%	18.29%		0.09%	30.07%		0.26%	18.95%	
計	13年度	18,538	56,877	3.07倍	1,832	3,929	2.14倍	20,370	60,806	2.99倍
	12年度	18,427	48,492	2.63倍	1,829	3,108	1.70倍	20,256	51,600	2.55倍
	増減	111	8,385	0.44	3	821	0.44	114	9,206	0.44
	増減率	0.60%	17.29%		0.16%	26.42%		0.56%	17.84%	

【表3】中間倍率の高い学校（学科・コース等募集区分別）上位10校

	男子校		女子校		共学校	
	学校名	中間倍率	学校名	中間倍率	学校名	中間倍率
1	安田学園（普）S特入試	13.33	豊島岡女子学園（普）	9.40	朋優学院（普）国公立	40.25
2	早稲田大学高等学院（普）	6.77	慶應義塾女子（普）	5.66	桜丘（普）併願2（特待生）	31.65
3	開成（普）	6.59	村田女子（商）Standard	4.95	昭和第一学園（普）特進	19.68
4	桐朋（普）	5.90	村田女子（普）Standard	4.17	日本工業大学駒場（普）2	16.11
5	城北（普）2	5.73	潤徳女子（普）美術デザイン1	3.62	昭和第一学園（普）総合進学	14.50
6	明治大学付属中野（普）	5.53	富士見丘（普）英語特別選抜2	3.40	東京成徳大（普）特別進学2	14.30
7	自由ヶ丘学園（普）総合1	5.17	潤徳女子（商）第1回	3.38	早稲田実業（普）男	14.05
8	京華（普）S特進コース	4.93	文京学院大学女子（普）文理	3.23	東洋（普）特進選抜コース	12.06
9	岩倉（普）総進コース	4.74	東洋女子（普）特別進学	3.07	朋優学院（普）特進コース	12.03
10	城北（普）1	4.33	日本橋女学館（普）芸術進学	3.00	広尾学園（普）医進・サイエンス3	12.00

【表2】は、学科別、校種別に応募倍率（中間）を示してみました。普通科、専門学科ともに倍率があがり、校種別でも男子校、女子校、共学校ともに難化しています。

【表3】は、高倍率10校を校種別に表にしたものです。

共学校の倍率が高いのは変わりませんが、男子校、女子校とも上位10校の倍率もあがっています。

男子校では昨年の1、2位**桐朋**と**開成**が3、4位となり、代わって難関大学をめざす**安田学園**の「S特」が人気を集め、**早大高等学院**と1、2位となりました。また、この2年、応募者を増やしていた**城北**の倍率がさらに高くなりました。

女子校トップは**豊島岡女子学園**、共学校では**朋優学院**国公立コースは募集人員が少ないこともあって、信じられないほどの高倍率です。今年も少し下がったとはいえ、40倍を上回りました。国公立・難関大学合格者を順調に伸ばしたコースへの評価が高いのでしょう。

特進コースのスタートで一昨年から倍率ベストテンに顔を出し、今年も倍率があがっている立川市の**昭和第一学園**など、成績上位者向けコースの人気も続いています。

公立 Close up

公立高校入試システムの変更とその動向

このところ、全国的に高校入試の改革が進んでいます。この号ではどんな点が変わったのか、そうしたシステム変更の背景はなんなのか、またこれからどんな「力」が求められるのか、みなさんが関係する首都圏の入試システムの変更をメインに、見ていきます。漠然と試験を受けるのではなく、入試システムを知って対策を立てていきましょう。

安田教育研究所　安田理

学区の撤廃、緩和が進む

世の中の規制緩和の流れが高校教育にもおよんで、公立高校の普通科にはどの都道府県でも通学区域の指定があったものが、学校選択の自由化ということで2003年以降急速に撤廃ないし緩和（学区の数を減らすことで選択できる学校数を増やす）され出しています。すでに撤廃された県は以下の22都県です。

青森県　秋田県　宮城県　茨城県
群馬県　埼玉県　東京都　神奈川県
新潟県　石川県　福井県　山梨県
静岡県　滋賀県　奈良県　和歌山県
鳥取県　島根県　広島県　高知県
大分県　宮崎県

この間、**北海道**は2005年に55学区を25学区に統合、2009年にはさらに19学区にしています。また**岩手県**では学区数をほぼ半数に、**長野県**は3分の1にしています。

近年中に動きがあるのが、

・**大阪府**（2014年度から学区を撤廃）
・**山口県**（2015年度以降学区を撤廃）

などです。

首都圏の動きを取り出すと、**表1**のようになっています。

【表1】首都圏の学区撤廃の流れ

首都圏	学区撤廃の年度
東京都	2003年
神奈川県	2005年
千葉県	2001年12学区から9学区に
埼玉県	2004年

このように、住んでいる県内ならどの高校も受験できるようになると、交通の便のよい学校、大学進学実績の高い学校に人気が集まるようになってきて、どの県でもトップ校ほど倍率も高く、厳しい入試がめだつようになってきています。

そうしたことから、トップ校と2番手校の開きが拡大するようになったほか、4番手校、5番手校になると、そもそもお手本になるような生徒がいないので、学校行事も先生が段取りしなければ運営できないようなケースも生まれています。

推薦入試が減少

公立高校の入試と言えば、受検機会の複数化ということで、どの都道府県でも「推薦入試」と「一般入試」の2つが行われていました。ところがこの大原則はここへきて崩れてきています。

〈推薦入試〉

○推薦入試という名称の入試を行っている都道府県は27都道府県。

○中学校長の推薦がいらない入試が広がる（推薦がいらないのであるから、名称も「前期選抜」、「前期募集」、「特色化選抜」など県によっていろいろ）。

○調査書の成績（つまり中学校での平常点）と面接・作文で選考していたものが、「適性検査」も課す県が出てきた。

○調査書の評価が「相対評価」から「絶対評価」に変わったことで、中学校でつけられる評定の差が拡大。唯一「相対評価」であった大阪府も「絶対評価」になります。

「絶対評価」になってから、中学校でつけられる成績が全体的に甘くなっていることもあり、高校側に調査書への不信感が生まれています。

そのため、推薦入試の大原則であった「中学校長の推薦」「調査書の成績による選抜」が崩れてきて、面接、集団討論、自己表現、作文、小論文、適性検査、学校独自問題による検査など、学校ごとにさまざまな方法で選抜を行うようになってきています。

首都圏の各都県の「推薦入試」に対する姿勢を見てみると、中学校長の推薦がいる推薦入試が残っているのは東京都だけです。中学校長の推薦がいらないのですから、名称も神奈川県は「前期選抜」、千葉県は「特色化選抜」、埼玉県は「前期募集」というように変わり、あとで述べますが、神奈川県は２０１３年度に、埼玉県は２０１２年度に1本化されました。

入試を1本化する動きも

推薦入試はそもそもが学力検査では測れない多様な学力の生徒を入学させる目的で始まりました。それが、推薦入試でも一般入試でも実際に合格する生徒は変わらないということが問題になりました。それでは推薦入試を行う意味がないということです。

推薦入試の減少を受けて、入試自体を1回にする県も出てきています。

埼玉県、福井県、岐阜県、静岡県、和歌山県ではすでに1本化され、神奈川県、茨城県も今年から1回だけになりました。

こうした変化の背景には、中学校の3学期の授業をきちんと成立させ、全員に学力検査を課すことで、しっかり勉強させる方向に変えていこうという意志があるのです。

1本化によって、どう変わったのか、神奈川県を例にとって**（表2）**、少し詳しく見ていきましょう。

神奈川県のおもな変更点は次の3つ

「特色検査」のなかの「自己表現検査」というのは、与えられた課題について制限時間内で自分の考えをまとめ、表現するものです。形式としては、小論文形式やスピーチ、グループ討論などがあります。この検査を行った学校は18校だけです。

トップ校でも異なる比率

「調査書・学力検査・面接の項目を１００点満点に換算したあと、項目ごとに各校が2倍から6倍し合計点１０００点満点で合計数値を算出する。項目の倍率は各校で異なる。」

【表2】神奈川県の入試変更点

○選抜機会の1本化

・2012年度までは前期選抜と後期選抜の2回だったものが1回に。

・学力検査日は後期選抜の時期に近い2月15日から。

○学力検査の共通化〜消える学校独自問題

・学力向上進学重点校を中心に11校で導入されていた学校独自問題はなくなり、全校共通問題に。

・各科50点満点が各科100点満点に。

○調査書＋学力検査＋面接と特色検査で選抜へ

・調査書・学力検査・面接の項目を100点満点に換算したあと、項目ごとに各校が2倍から6倍し合計点1000点満点で合計数値を算出する。項目の倍率は各校で異なる。

・高校によっては学科などの特色に応じた「特色検査」を実施。特色検査の結果も100点満点に換算後、他の項目と同様に数倍した数値を加える。検査内容は「実技」か「自己表現」。

・面接も点数化。出願時には「面接シート」を提出。

は、わかりにくいと思いますので、実例を示してお話ししましょう。

神奈川きっての名門校である**湘南**の場合は、

調査書3割・学力検査5割・面接2割という比率にしたので、調査書が300点・学力検査が500点・面接が200点の1000点満点になります。これに**湘南**の場合は「特色検査」も実施しますので、これの満点100点満点が加わります。

湘南と並ぶ名門校である**横浜翠嵐**の場合は、

調査書2割・学力検査6割・面接2割という比率にしたので、調査書が200点・学力検査が600点・面接が200点の1000点満点になります。**横浜翠嵐**も「特色検査」も実施し、**横浜翠嵐**の場合はこれの満点を200点としています。

トップ校でもこのように調査書の比重、「特色検査」の満点が異なっています。

その他の高校でも、調査書2割が**横浜翠嵐**含め3校、調査書3割が**湘南**含め29校、調査書4割が最も校数が多く49校、調査書5割が17校、調査書6割が4校とバラバラです（校数は普通科高校の校数）。

公立高校入試はこのところ学力重視になっていると言われますが、まだ調査書が4割以上を占める学校が大半なのです。

驚くのは面接が最低でも2割を占めることです。

全員に面接を実施

全員に面接、しかも1000点満点中最低でも200点という比重です。

面接というと、面接官の個人的恣《し》意《い》で評価が大きく変動することを心配する受検生や保護者が大勢いますが、評価項目、採点は細かく決められていますので、個人的恣意が働くという心配はありません。

【表3】面接評価の観点（神奈川）

■各校共通の評価の観点
- 入学希望の理由
- 中学校での教科等に対する学習意欲
- 中学3年間での教科等以外の活動に対する意欲

■学校ごとの評価の観点（ある学校のケース）
- 高校での教科・科目等に対する学習意欲
- 高校での教科・科目等以外の活動に対する学習意欲
- 将来の展望
- 面接の態度

ちなみに、神奈川県における面接の評価の観点をあげてみましょう（**表3**）。このように評価の観点は細かく決められているので、漠然と印象で決まるようなことはないのですが、受検生にとっては大きな不安材料でした。

東京都 推薦入試で全員に「集団討論」「個人面接」を実施

東京都でもこれまであった「面接」（個人面接もしくは集団面接）を「集団討論」と「面接」に変更し、どちらも行うようになりました。また学校によって実施していた「小論文・作文」「実技検査」は「その他学校が設定する検査」を加えた3つのなかから、各学校が1つ以上を選んで実施することになりました。

神奈川県の全員面接といい、東京都の「集団討論」と「面接」の両方実施といい、驚くような変化です。

ではなぜいまこうした動きが出てきているのでしょうか。2012年から中学校で新しい学習指導要領が完全実施されていますが、新しい学習指導要領で重視されているコミュニケーション能力や協調性、「思考力・判断力・表現力」を評価するためにこうしたものを実施するのです。

一般入試の中身も学校で異なるように

公立高校の一般入試といえば、同一日に同一時間割で、同一試験教科・同一問題、同一配点で、合否判定法（調査書と学力検査の比重など）もどの高校もいっしょというのが大原則でした。ところがさまざまな点でこの大原則は崩れてきています。

○調査書と学力検査の比重の変更（どの比重で合否判定するか高校側が選ぶ）

〈東京の例―**表4**の4つから選択。進学校ほどAを選択〉

【表4】調査書と学力検査の比重

A	調査書3：学力検査7
B	調査書4：学力検査6
C	調査書5：学力検査5
D	調査書6：学力検査4

さらに、定員の一部については学力検査の成績のみで選考するという制度まで生まれています。

公立高校と言えば「『内申』がよくないと受からない」とよく言われていましたが、いまや内申関係なしに合格できるシステムまであるのです。

そのうえで、一部の学校（現実には上位校ですが）では学校によって試験問題そのものが違うケースもあります。

　高校進学率が97％にも達するようになって、オール1の子もオール5の子も高校受験します。そうなると学力幅の大きい受験生に対応した共通問題では、トップ校は実質的にケアレスミスで差がつき、学力を正当に測れないという弊害が出てきました。

　そこで上位校では、国語・数学・英語の3教科については高校ごとの「自校作成問題」で入試を行うという動きが出てきたのです。

　２０１３年度入試で大規模に行ったケースでは、東京都で15校が、「自校作成問題」で入試を行いました。２０１２年度までは神奈川県でも11校が「自校作成問題」で入試を行っていました。

○東京都……**日比谷**、**西**、**戸山**、**八王子東**、**青山**、**立川**、**国立**、**墨田川**、**国分寺**、**新宿**、**白鷗**、**両国**、**武蔵**、**富士**、**大泉**

　千葉県は２０１１年度から公立高校入試が大きく変わりましたが、前期選抜で1日目の共通学力検査のほかに、2日目に「自校作成問題」で入試を行った学校が、２０１３年度は1校ありました。**千葉東**です。

　公立高校の上位校の入試はほぼ満点を取らなければ合格が難しいというイメージがありますが、自校作成問題では10点、20点でも合格しているケースがあります。つまりそれほど共通問題とはレベルが違うのです。

　長い間、公立高校の受検対策は「基礎・基本」と言われてきましたが、より高い応用力・思考力を求められる学校が出てきたということです。

　ただこうした「自校作成問題」も、作問の負担が大きいことから広がりませんでした。そのため、学力をきちんと測れるように共通問題が難しくなる傾向にあります。

　以上のように、近年公立高校の入試システムは目まぐるしく変化しています。

　また、求められる学力も変わってきています。論理的に説明できる力や自分の考えをまとめ、それを的確に表現する力などは、普段から養っておく必要があります。

　そうした変化を的確につかむことが、高校合格につながりますし、保護者の「学力観」もそうした方向に変えることが必要だと思います。

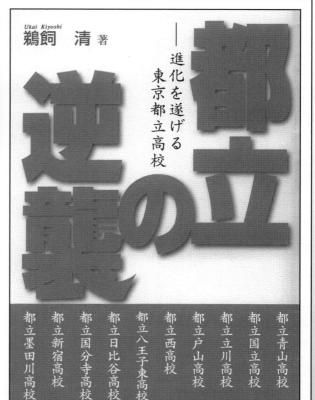

Basic Lecture

高校入試の基礎知識

学校選びの基礎
どう違う 国立・公立・私立高校

志望校を具体的に選んでいくプロセスを前号で扱いました。いずれにしても、必要なことは、高校にはどんな学校があるのか、そして各校の入試に関する特徴や傾向といった情報をしっかりと集めることです。今回は、まず高校のタイプを大きく3つに分け、国立高校、公立高校、私立高校、それぞれの違いについて見ていきたいと思います。

国立高校

高いレベルで伸びのび

国立高校といわれる高校は、高校単体ではなく国立大学（現、独立行政法人国立大学）の附属高校として設立されています。ですからその名称は、「国立○○大学附属高校」となります。

その建学の趣旨は、「教育学に関する研究・実験に協力」する「教育実験校」です。その意味から、小学校、中学校も併設している学校も多くなります。

併設の中学校から進学する生徒が多いため、高校からの募集人員は少数です。そのことから入試の難易度、合格の基準が高く、入学後の学力レベルも高いのが特徴です。

ただし、あくまでその中身は「教育実験校」です。授業の形態やカリキュラムを、先生、生徒の人間関係を含めて研究しているのです。その結果から得られるものを日本の教育に役立てようとしているわけです。

ですから、必ずしも大学受験向きに授業は組まれているわけではないのです。しかし、それが受験勉強とはかけ離れた伸びのびした校風につながっていることも確かです。

さて、国立高校から系列の国立大学への進学を考える場合、ほかの高校より有利になるということはありません。私立大学の附属校では、高校卒業時、推薦などで系列・併設の大学に有利に進学できるシステムになっていますが、国立大学の附属高校には基本的にこのような特典はありません。

ですから、系列の大学に進学しようとする場合でも、他の高校の受験生と同一の条件で、大学入試センター試験から臨むことになります。

ただ、各国立高校は、授業の内容も質が高く、入学後の学力レベルも高く維持されているため、東大など

難関といわれる大学への進学実績も非常に高いものがあります。

また、国立高校は、生徒自身が互いに高めあう校風があるのが特徴と言えます。これが、高い進学実績維持の原動力の1つです。

学費合計では、公立高校よりはわずかに高く、私立高校よりはかなり安い費用です。参考までに**筑波大学附属駒場高校**（２０１３年度）では、検定料は９８００円、入学料は５万６４００円、授業料は無償化された公立高校同様、徴収されていません。

さて、国立高校の入試には「推薦入試」はありません。一般入試は学力検査と面接で、学力検査の出題はその学校の独自問題です。

受験する場合の注意点として、国立高校には通学地域、通学時間に制限がある学校が多いということがあげられます。

公立高校

学費安く自由な雰囲気

公立高校は都道府県、市町村といった地方自治体によって設立され、その運営も自治体が行っている学校です。

全日制、定時制、通信制などがありますが、全日制のなかにも、普通科のほかに専門学科高校（理数科・外国語科・商業科・工業科・農業科など）があります。これらの特徴を合わせ持つ総合高校という形態の学校もできてきました。

また、授業やカリキュラムの進め方も多様化しており、普通科のなかでも「単位制」の学校は、クラス編成、学年編成にこだわらず、単位取得について、生徒が自分で時間割をプログラムできる学校です。

普通科の公立高校では、多くの場合、3年次（2年次からの学校もある）で文系・理系のクラス分けを行ったり、進路の希望に沿った学習ができるよう、多くの選択科目を設定し、私立高校なみに大学進学にポイントをしぼって、受験生にアピールしています。

公立高校は、私立高校に比べて学費がかかりません。不況感が極まるなか、それも大きな追い風となっています。

校則が比較的ゆるやかだったり、制服がなかったりする学校もあり、自由な学園生活を魅力に感じる生徒がめざす学校とも言えます。

しかしそのぶん、しっかりと自分を律することができないと、怠惰な高校生活を送る危険性があるとも言えます。例えば、前述した単位制の学校などは、すべて自分で時間割を組むわけですから、自己規制ができない生徒にはミスマッチです。

公立高校は、いま、それぞれの学校の特色を出すことに力を注いでいます。それは大学進学実績であったり、部活が盛んだったり、国際理解教育に力を入れたり、という形に結実しています。

また、東京都立高校の「進学指導重点校」に代表されるような、大学進学にウエイトをおいた学校が増えてきているのも、ここ最近の特徴です。

都立の普通科は共学です。他県では男子校、女子校が見られます。

学費の面では、私立高校に比べればずいぶんと安くなります。都立高校全日制の場合（２０１３年度）、受験料にあたる入学考査料が２２００円、入学料が５６５０円、授業料は無償化され、原則として徴収されません。

私立高校

個性が光る私立高校

私立高校は各種団体や個人が設立し、学校法人が運営にあたっています。学校それぞれの裁量で各校の教育に独自性が認められているため、創立者や設立団体の信条や主義に基づいた教育を進めることができます。

なかには、宗教教育を行う学校もありますが、特定の宗教を押しつけるようなことはなく、人格形成や倫理観を育むために行われています。

このように、私立高校の特徴は設立母体の考えや、建学の精神によって、校風・教育方針がさまざまで、個性豊かな学校が多いということです。つまり受験生にとって選択肢が多数あるということになります。

また、その理念によって男子校、女子校、共学校の、いずれもが多くあります。ただ、ここ数年、男子校や女子校から共学校に変わる学校が見られました。

私立高校にもいくつかタイプがあり、進学校として大学受験を意識したカリキュラムを優先的に組む高校、系列の大学や短大に優先的に進学できる大学附属高校、就職に有利な専門課程を持つ高校などがあります。

大学の附属高校は進学面での余裕から受験教育に走らず、校風もカリキュラムもゆとりのあるものとなっています。

私立高校は、総じて施設・設備面でかなり充実しています。特別教室や自習室、食堂、体育施設などのほかに、校外や海外に研修施設を持つ学校も多くあります。

このような特色は、各校の伝統として受け継がれてきています。在校生や卒業生から話を聞く機会があれば、より具体的に知ることができるでしょう。

入学試験は、都県によって呼び方がちがいますが、推薦（前期）入試と、一般（後期）入試に分けられます。

通常、一般（後期）入試では学力試験が重視されます。学校によっては面接、作文なども行われます。公立高校とちがって調査書はあまり重視されず、参考程度にとどめられています。

かつては推薦だから「試験はなし」という認識であった推薦（前期）入試でも、適性検査という名称で筆記試験を課されることが常識となってきました。

これらの学力試験や適性検査の科目数は、国語・数学・英語の３科目という学校がほとんどです。

私立高校の入試は、都県ごと、また、学校ごとに試験日程、入試システムがまったくといってよいほど違いますので注意が必要です。

千葉や埼玉の私立高校では、かつての推薦入試である「前期」への募集前倒し傾向が強くなり、埼玉では事実上前期・後期の区別がなくなっています。

東京、神奈川では逆に、「推薦」の募集を減らし「一般」募集に定員をまわす傾向も出ています。

個性的でユニークな教育が受けられる反面、３年間にかかる費用は、国立・公立に比べて高くなります。２０１３年度の場合、東京の私立高校は受験料約２万円のほか、学費の内訳（平均額）は、授業料42万８００１円、入学金24万９２６３円、施設費５万４３１円、その他15万６１３４円となっています。

私立大学附属校の魅力

ここで私立高校の1つである大学附属高校（私立）について少し触れておきます。

系列大学がある私立高校の場合は、高校卒業後、推薦などで併設大学・短大へ進学できます。高校在学中の成績状況で判断されたり、内部試験がある学校もありますが、一般受験の生徒よりも有利に系列大学に進学が期待できます。前述の通り、国立大学の附属高校にはこのような特典はありません。

行きたい私立大学が、いまからはっきりとしているのであれば、系列大学がある大学附属高校を選ぶのも早道かもしれません。

では、私立大学の附属高校を選ぶ場合のチェックポイントをあげてみます。

まず、系列大学へは、推薦や内部試験によってどのくらいの人数が進学できるのかを調べましょう。

早稲田実業（東京）などのように、ほぼ全員が早稲田大に進学できる学校もあれば、全体の２～５割程度しか系列大学に進学できない学校もあります。

また、進学する系列の大学や短大に、自分が志望している学部や学科があるかどうかも、重要なチェックポイントと言えます。

志望する高校の募集人員にも目を配りましょう。大学附属校は併設の小学校や中学校を持つケースが多々あります。この場合、「内部進学」といって、かなりの人数が中学校から高校に進学していきます。このため、高校での募集人員が少なくなり、入試での倍率も高くなってしまう学校があります。

それでも、卒業後に大学・短大進学を考えていて、希望する分野の学部・学科がある大学の附属高校は、受験生にとって大きな魅力と言えます。

また、大学進学時に入試がない、ということですので、さまざまな行事や部活動に力を傾けた高校生活を送ることができるのも大学附属校のメリットの1つです。

公立高校と私立高校

都立や県立のいわゆる公立高校は、どこも同じような校風と思われがちです。公立高校は教育の中立性、公共性を保つことが特徴となっているからなのですが、学校をよく知ると、各校それぞれにカラーがあることに気づきます。それは伝統校に顕著ですし、歴史の浅い学校もそれぞれに特色を出そうと努めています。

とくに最近は、都や県の教育委員会自体が、各校に独自色を打ち出すように指導もしています。

自主自立をうたい生徒の自主性を尊重する学校、国際理解教育に重点をおき外国語教育を重視する学校、生徒の奉仕活動を推し進める学校、部活動が盛んな学校、柔道や剣道が必修の学校、地域とのコミュニケーションを大切にする学校など、さまざまです。

一方私立高校は、学校の裁量で教育の独自性が認められているため、創立者や設立団体の主義に基づいた教育を進めることができます。ですから、それぞれに校風や学校文化が違います。設立が宗教者や宗教団体の場合、宗教的な行事や教育を行う学校もありますが、宗教を押しつけるようなことはありません。

設備面でも恵まれている学校が多いのが私立高校です。

また、前述したように、私立大学の附属高校は進学面での余裕から受験教育に走らず、校風もカリキュラムもゆとりのあるものとなっています。

このような特色は、公立、私立を問わず各校の伝統として受け継がれてきています。在校生や卒業生から話を聞く機会があれば、より具体的に知ることができるでしょう。

校風や学校文化を知るためには、学校案内などの資料を調べるのを第1歩に、実際に学校に出かけて雰囲気を感じ取ることが大切です。学校説明会、公開されている文化祭や体育祭、合唱祭、1日体験入学などの機会を逃さず、積極的に利用するのがよい方法です。

専門高校

専門高校も選択肢の1つ

特定の分野（たとえば商・工業系や看護系）への進路が明確で、大学もそのような進路につながる選択を考えている場合には、公立高校の項で触れた、専門（学科）高校に進んだ方が有利なこともあります。

専門高校には、理数系、外国語系、工業系、商業系、農業系、看護系などたくさんの専門学科から成り立つ高校があります。また、普通科のなかにも外国語系、福祉系、体育系など、さまざまなコースが設けられています。

例えば東京都立高校には普通科のほかに普通科、農業科、工業科、科学技術科、商業科、ビジネスコミュニケーション科、家庭科、福祉科、体育科、国際科、産業科があります。

外国語系では、都立国際高校のような学校の人気が高く、農業系でも園芸科、バイオテクノロジー系が、工業系でもコンピュータ技術を学びながらデザインにまでいたるコース、学科の人気が広がっています。

学科やコースでいえば、私立高校にも多くの学科、コースを持つ学校が少なくありません。進路が明確で、大学進学についてもこれらの進路につながる選択を考えている場合には、そこをめざした学科・コースを選んでいくことも得策です。

専門高校や、これらの学科・コースでは、普通科目のほかに専門科目を多く学び、実習や実技を多くすることによって、専門的な知識・技術を身につけることができます。かつては、職業系高校で、就職を前提に考える場合が多かったのですが、現在はこのような高校生活を経て、大学進学をめざす例も多くなっています。とくに工業大学や外国語系の大学、看護大学などへは、ひとつのルートとして確立されてきた感もあります。

ただ、専門高校から一般の学部、学科を学ぶ大学に進むには、受験科目の学習時間で不利な面があります。

高校3年間に学ぶ総単位数はあまり変わらないのですが、専門高校では専門科目の占める割合が3分の1から半分近くとなっているからです。

こうした不利な点をなくそうと、最近では専門科目を受験科目に選べる大学も増えてきています。とはいうものの、将来、自分がつきたい職業の分野がはっきり決まっていない場合には、やはり普通科を選んだ方が無難といえます。

また、公立高校の欄で触れた「総合高校」や「総合学科」は、普通科系の科目と、これらの専門学科系の科目の両方を学べる第3のタイプの学校と言われています。

2月号の答えと解説

問題

英語クロスワード

カギを手がかりにクロス面に単語を入れてパズルを完成させましょう。

最後にa～fのマスの文字を順に並べると、ある身体の部分を表す単語が現れます。それを答えてください。

ヨコのカギ（Across）

2 second → ___ → hour

5 travel by ___
（船旅をする）

6 the United ___s
（国際連合）

7 some ___
（ある日、いつかそのうちに）

10 child － children, man － ___

12 サラダに、コロッケ、おでんの具にも

13 ⇔daughter

14 ___ after me.
（私のあとについて言ってください）

タテのカギ（Down）

1 a ___ car（中古車）

2 Take as ___ as you want.
（ほしいだけお取りください）

3 メモ、覚え書き

4 this － these, that － ___

8 Our plane is flying ___ the clouds.（私たちの飛行機は雲の上を飛んでいます）

9 I ___ up at six every morning.（毎朝６時に起きます）

10 ⇔least

11 ___ tenths（十中八九）

1		2		3		4	
5		e				b	
		6		a			
7	8						
			9		10		11
12		f					
					13	d	
14 c							

解答　THROAT（のど）

解説

クロスワードを完成させると右のようになります。

ヨコ13　daughter（娘）⇔ **son**（息子）

タテ1　**used**＝中古の、使用済みの

タテ2　as **many**（A）as B＝Bと同数（のA）、Bだけ（のA）

＜例＞Keep as many as you need.
（必要なだけお持ち帰りください）
She has as many stamps as I have.
（彼女は私と同じくらい切手を持っている）

タテ10　least（最も少ない）⇔ **most**（最も多い）

U		M	I	N	U	T	E
S	E	**A**		O		**H**	
E		N	A	**T**	I	O	N
D	A	Y		E		S	
	B		W		M	E	N
P	O	**T**	A	T	O		I
	V		K		S	**O**	N
R	E	P	E	A	T		E

中学生のための学習パズル

今月号の問題

「心」ある漢字パズル

愛国心、向上心などのように、○○心という三文字熟語を集めてみました。それぞれのヒントを参考に、リストの漢字を○に当てはめて16個の○○心を完成させてください。最後に、リストに残った3つの漢字に「心」を加えた4文字でできる四字熟語を答えてください。

① ○○心 （興味ありませ～ん）
② ○○心 （珍しいことには興味津々）
③ ○○心 （一攫千金を願う）
④ ○○心 （なんとしても手柄を立てて名をあげたい）
⑤ ○○心 （恥ずかしい～）
⑥ ○○心 （ひとまずホッ）
⑦ ○○心 （少女は純情で感じやすいのです）
⑧ ○○心 （わざと他人と比べて、これを煽ることも）
⑨ ○○心 （ついふらふらといけないことを…）
⑩ ○○心 （学生はこれが大切でしょう）
⑪ ○○心 （つい見栄を張ってしまう）
⑫ ○○心 （自分という存在に誇りを持つ。プライド）
⑬ ○○心 （自分の利益だけを考え、他人の迷惑をかえりみない）
⑭ ○○心 （東京における新宿・池袋・渋谷・台場など）
⑮ ○○心 （落ち着いて、落ち着いて…）
⑯ ○○心 （お節介かもしれませんが…）

【リスト】

一	乙	己	女	安	栄
学	関	名	奇	功	暗
利	争	向	好	幸	自
虚	射	出	疑	老	常
鬼	尊	恥	都	副	平
無	競	来	羞	婆	

2月号学習パズル当選者

（全正解者53名）

★多田　**健人**くん（埼玉県草加市・中3）
★山本　**京香**さん（千葉県市川市・中1）
★鳥山　**未羽**さん（神奈川県横浜市・中1）

応募方法

●必須記入事項

01 クイズの答え
02 住所
03 氏名（フリガナ）
04 学年
05 年齢
06 右のアンケート解答
「八重の桜展」（詳細は80ページ）の招待券をご希望のかたは、「八重の桜展招待券希望」と明記してください。

◎すべての項目にお答えのうえ、ご応募ください。
◎ハガキ・ＦＡＸ・e-mailのいずれかでご応募ください。
◎正解者のなかから抽選で３名のかたに図書カードをプレゼントいたします。
◎当選者の発表は本誌2013年6月号誌上の予定です。

●下記のアンケートにお答えください。

A今月号でおもしろかった記事とその理由
B今後、特集してほしい企画
C今後、取りあげてほしい高校など
Dその他、本誌をお読みになっての感想

◆2013年4月15日（当日消印有効）

◆あて先
〒101-0047　東京都千代田区内神田2-4-2
グローバル教育出版　サクセス編集室
FAX：03-5939-6014
e-mail:success15@g-ap.com

挑戦!!

平《ひら》塚《つか》学《がく》園《えん》高等学校

問題

１辺の長さが８cmの立方体から，２つの直方体を切り取った形をした容器（図１）に水が入っている。BC，GFは３cm，CDは５cm，GHは４cmである。この容器を辺FEと辺HJが下になるように水平な台の上に置くと図２のようになり，水面はAを通る平面になった。容器に入っている水の体積を求めよ。

（図１）

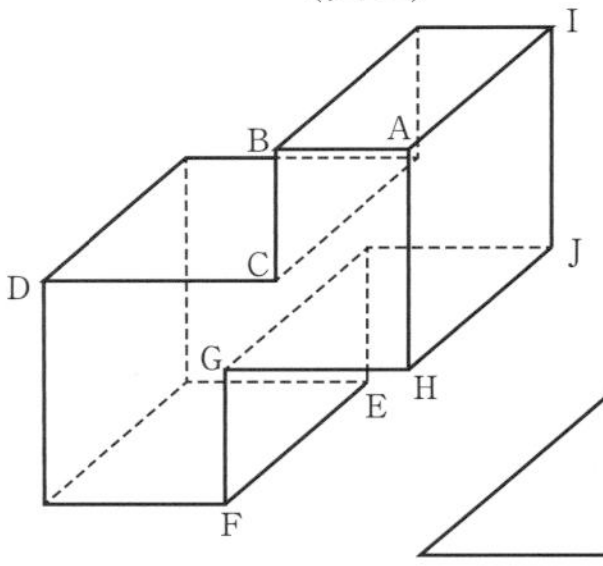

（図２）

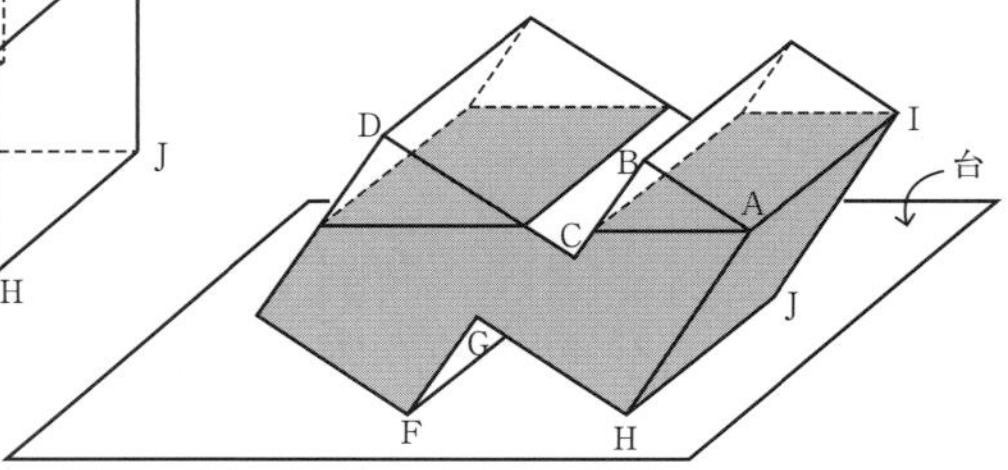

解答　221㎤

神奈川県平塚市高浜台31-19
JR東海道線「平塚」徒歩15分、バス
TEL 0463-22-0137
URL http://www.hiragaku.ac.jp/main.html

浦《うら》和《わ》実《じつ》業《ぎょう》学《がく》園《えん》高等学校

問題

下の図のように、同じ大きさの正方形の赤いタイル（■）と白いタイル（□）を並べて正方形を作り、それぞれT_1，T_2，T_3，…とする。

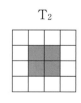

T_1　　T_2　　T_3

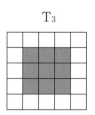

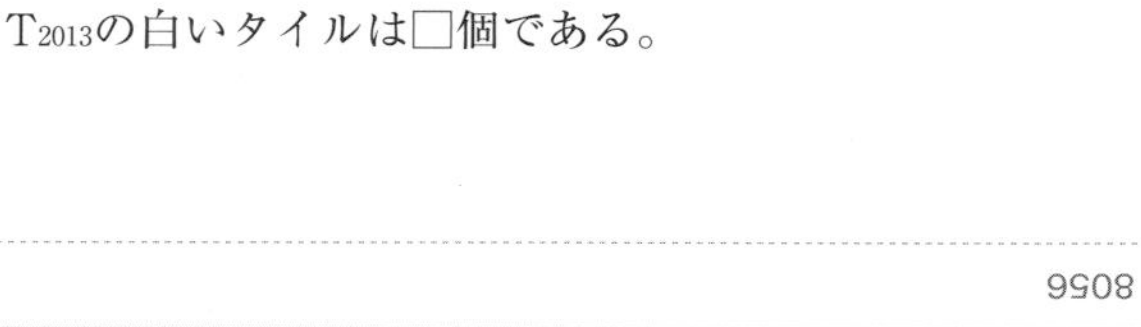

（ｉ）赤いタイルが48400個であるのはT□である。

（ii）T_{2013}の白いタイルは□個である。

解答　（ｉ）220　（ii）8056

埼玉県さいたま市南区文蔵3-9-1
JR京浜東北線・武蔵野線「南浦和」徒歩12分
TEL 048-861-6131
URL http://www.urajitsu.ed.jp/sh/

私立高校の入試問題に

中《ちゅう》央《おう》大《だい》学《がく》高等学校

東京都文京区春日1-13-27
地下鉄丸ノ内線・南北線「後楽園」徒歩5分、都営三田線・大江戸線「春日」徒歩7分、JR総武線「水道橋」徒歩15分
TEL 03-3814-5275
URL http://www.cu-hs.chuo-u.ac.jp/

問題

図のように∠A＝60°，∠C＝90°の直角三角形ABCと，∠F＝90°の直角二等辺三角形DEFが，半径1の円に内接している。また，AC//DEであり，辺ACとEFの交点をM，辺BCとEFの交点をNとする。このとき，以下の問に答えなさい。

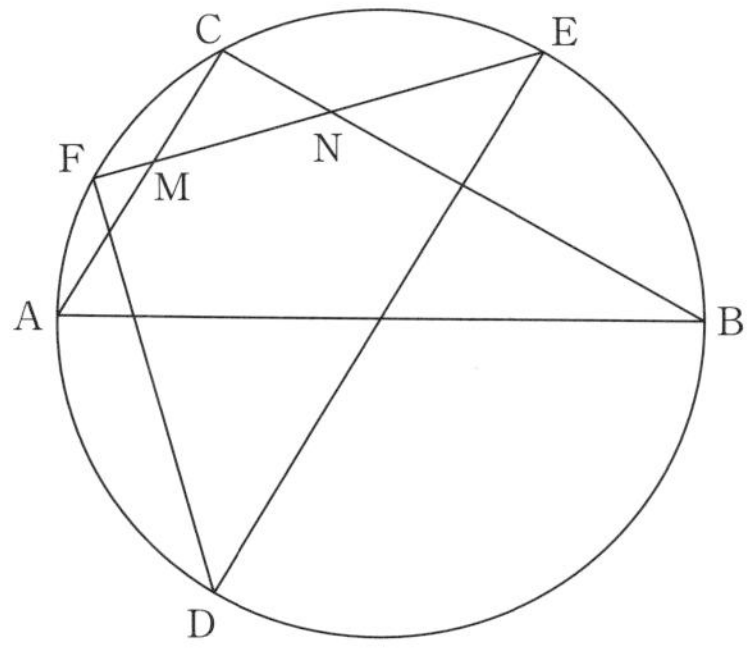

問１．三角形ABDの面積を求めなさい。

問２．線分MNの長さを求めなさい。

解答　問1. $\frac{\sqrt{3}}{2}$　問2. $\frac{\sqrt{6}-\sqrt{2}}{2}$

東《とう》海《かい》大《だい》学《がく》菅《すが》生《お》高等学校

東京都あきる野市菅生1817
JR中央線「八王子」スクールバス、JR青梅線「小作」・JR五日市線「秋川」バス
TEL 042-559-2200
URL http://www.sugao.ed.jp
http://www.facebook.com/tokaisugao.ac

自立・自学・自生
「学業と部活動それぞれの頑張りが相乗効果を生む」

付属推薦で東海大学へ
「東海大学は、18学部からなる大規模な総合大学で、医学部・海洋学部そして、ANAと提携したプロのパイロットを養成する航空操縦学専攻もあります」

問題

次の文章を読んで後の問いに答えなさい。

さる所にめうがのさしみありけるを、お児[ア]これをつまみ食ひけるを、そばなる人申すやう[イ]は、「①これをば昔より今(注1)にいたり、物読み覚えん事をたしなむ(注2)人は、みな鈍根草《どんごんさう》と名付け、物忘れするとて、かたく(注3)食はぬ物じゃ」と②言ひ教へければ、児聞きて、それならば、おれは猶《なほ》食ふべしと言ふ。ひだるさ(注4)を食ふて忘れうと言ふた。

（露の五郎兵衛『軽口露がはなし』）

（注）1　今にいたり……今まで
2　たしなむ……常に心を打ち込む・修行する
3　かたく……決して
4　ひだるさ……ひもじさ・空腹

問一　――線部ア・イの読みを現代仮名遣いで答えなさい。
問二　――線部①が指すものを本文中より七字で探し、抜き出して答えなさい。
問三　――線部②の主語を本文中より探し、抜き出して答えなさい。
問四　児の発言を二つ、本文中より探し、それぞれ初めと終わりの三字を抜き出して答えなさい。
問五　次の文はこの話のどこが笑い話であるのかを説明したものです。空欄部に当てはまる適語をそれぞれ本文中より指定された字数で探し、抜き出して答えなさい。
めうがのさしみは［1（三字）］するから食べてはいけないと教えられたにも関わらず、逆に空腹を［2（二字）］たいから食べるといったところ。

解答　問一．ア．ちご　イ．よう　問二．めうがのさしみ　問三．そばなる人　問四．それな～ふべし、ひだる～忘れう　問五．1．物忘れ　2．忘れ

サクセスランキング

Success Ranking

2013年卒マイナビ大学生就職企業人気ランキング

就職活動が厳しくなったと言われる昨今。今年、大学を卒業する大学生たちはどんな企業に行きたかったのだろうか。今月号のランキングは大学生の就職企業人気ランキング。就職先の人気傾向は社会情勢や世相などが大きく反映される。みんなが大学生になるころはどんな企業が人気になっているだろう。

文系

（対象人数11,319名）

順位	企業名	得票
1	**JTBグループ**	**839**
2	ANA（全日本空輸）	527
3	オリエンタルランド	453
4	電通	389
5	三菱東京UFJ銀行	343
6	エイチ・アイ・エス	325
7	日本郵政グループ	317
8	資生堂	315
9	ロッテ	310
10	JR東日本（東日本旅客鉄道）	308
11	明治グループ（明治・Meiji Seika ファルマ）	305
12	ニトリ	297
13	バンダイ	279
13	三井住友銀行	279
15	タカラトミー	269
16	JR東海（東海旅客鉄道）	263
17	講談社	259
18	Plan・Do・See	257
19	積水ハウス	249
20	東京海上日動火災保険	247

理系

（対象人数5,132名）

順位	企業名	得票
1	**明治グループ（明治・Meiji Seika ファルマ）**	**210**
2	東芝	170
3	カゴメ	164
4	ソニー	163
5	資生堂	157
6	トヨタ自動車	155
7	JR東日本（東日本旅客鉄道）	153
8	旭化成グループ	152
8	味の素	152
10	ロッテ	150
11	三菱電機	146
12	日清食品グループ（日清食品）	145
12	三菱重工業	145
14	JR東海（東海旅客鉄道）	137
15	パナソニック	123
16	本田技研工業	122
17	山崎製パン	113
18	花王	111
18	キユーピー	111
20	積水ハウス	110

データ：株式会社マイナビ　2013年卒マイナビ大学生就職企業人気ランキング調査

お便りコーナー

サクセス広場

やらなくて後悔したこと

初詣です。受験直前でこんなに不安になるなら、神頼みでもしておけばよかった…。
（中３・運頼みさん）

ずっと好きだった人に**告白できなかった**ことです。小学生のときから気になっていて…９年間ですね(笑)。仲のよい関係を壊したくなかったという臆病な私でした。高校生になったら積極的になりたいです！
（中３・一途だったんです！さん）

塾に行く電車のなかで、おばあさんが立っていたのに**寝たふりをしてしまいました**。なんだか罪悪感が…。
（中２・ジョーさん）

このあいだ**妹とケンカ**をして、妹の誕生日になにもあげませんでした。私の誕生日には妹からプレゼントをもらっていたので、ちゃんとあげればよかったなとずっと引っかかっています。
（中１・秘密のアンコさん）

テスト勉強。毎回後悔しています(笑)。
（中２・サーモンさん）

家の近くにとても好きだった中華料理屋さんがあったのに、今度また行こうと思いながらもずっと行かなかったら、**つぶれていました**。もうあの店のチャーハンが食べられないと思うと、行っておけばよかったと思います。
（中２・ぽんずちゃんさん）

卒業する先輩から後輩へ

何事もとにかく自信を持ちましょう。「自分はダメだ」とか思うだけ時間のムダです。根拠なくても「**大丈夫!**」と思って打ち込むことがよかったから。
（中３・オレはデキる子！さん）

可愛い後輩たちに恵まれ、部活がすごく楽しかったです。**みんなありがとう**。
（中３・ゴスペランさん）

文化祭でのオレの魂を受け継いでくれ！
（中３・闘魂さん）

受験勉強は大変だけど、行きたい高校に合格できたときはとてもうれしいから頑張ってください。やる気がなくなったときは、高校でやりたいことを考えるとやる気が湧いてきます。**応援しています**。
（中３・くまごろーさん）

後輩には優しくしましょう。じゃないとあとからとっても後悔することになりますから…。
（中３・オニのしごきさん）

魔法が使えたらなにがしたい?

兄貴と顔を変えたい。だって兄貴の方がイケメンなんだよ。
（中２・狩野の栄光さん）

世界中の紙幣の柄を、自分の顔にしてみたいです！　あっ、でも日本では恥ずかしいから日本のはそのままでいいかな♪
（中３・ルクルクさん）

いま、**友だちが自分をどう思っているか**知りたいです。
（中１・まつえ●んさん）

遠くに住むおばあちゃんや友だちに会いたいときに会いに行きたいです。それが無理なら、**夢で会える魔法**でもいいです。
（中１・しましま君さん）

努力したぶんだけサッカーがうまくなるようにして、めっちゃ練習する。いきなりうまくなる魔法とかはおもしろくないから。
（中１・FOOTさん）

募集中のテーマ

「先生に言いたいこと」
「犬と猫どっちが好き?」
「今年のGWの予定は?」

応募〆切 2013年4月15日

必須記入事項

A／テーマ、その理由　B／住所　C／氏名
D／学年　E／ご意見、ご感想など

ハガキ、FAX、メールを下記までどしどしお寄せください!
住所・氏名は正しく書いてください!!
ペンネームは氏名のうしろに(　)で書いてネ!
【例】サク山太郎（サクちゃん）

あて先

〒101-0047　東京都千代田区内神田2-4-2
グローバル教育出版　サクセス編集室
FAX:03-5939-6014　e-mail:success15@g-ap.com

ここにメールしてね!!

ケータイから上のQRコードを読み取り、メールすることもできます。

掲載されたかたには
抽選で図書カードをお届けします!

掲載にあたり一部文章を整理することもございます。個人情報については、図書カードのお届けにのみ使用し、その他の目的では使用いたしません。

～サクセス18のご紹介～

サクセス18は早稲田アカデミーが創った現役生難関大学受験専門塾です。

難関大に現役合格! サクセス18はここが違う!!

サクセス18 ここが違う!

進学塾 早稲アカスタイルの継続

大手予備校にはないキメ細やかさ

サクセス18は開成・慶女・早慶高校合格者数全国No.1(2013年当社調べ)の進学塾早稲田アカデミーの大学受験部門です。「本気でやる子を育てる」という教育理念に基づき、「私語のない緊張感のある授業」「少人数制で発問重視の授業スタイル」「復習型の丁寧な講義」など早稲田アカデミーが創立以来進学実績を伸ばし続けてきたエッセンスを継承しています。更に少人数クラスのライブ授業で競争原理の働く環境を維持しながら、現役高校生に特化したきめ細やかな指導で「普通の学力の生徒」を憧れの難関大学現役合格へと導きます。

	早稲田アカデミー サクセス18	他の塾・予備校
トップレベルの合格実績の伸び	開成高校の合格者数5名から全国No.1の57名(定員100名)まで伸ばした早稲田アカデミーは、大学入試でも合格実績を伸ばし続けています。東大・早慶上智大の合格者数の伸び率は業界トップレベルです。また現高3生の成績も良好で、今後の入試においても大幅な躍進が期待できます。	少子化とそれに伴う浪人生の減少により、多くの塾や予備校が難関大への合格実績において伸び悩んでいるのが現状。成績を上げるノウハウを持つところとそうでないところとの格差が大きい。
少人数制クラス	1クラス15名程度の少人数制。きめ細やかな個別対応が可能です。さらに学力別・志望校別クラス編成で同じ目標を持つ友人たちと競い合いながら学力を高めます。	1クラス30名～80名と大規模クラス。生徒一人ひとりの学力把握は難しい。
対話・発問重視の緊張感のある授業	講義と同時に生徒一人ひとりの反応や理解度に細心の注意をはらう対話・発問重視の緊張感のある授業。講義と実践演習の複合授業。	予習を前提とした解説型の授業が多く、授業中の質問などは難しい場合が多い。積極的な生徒でなければ授業後の質問もしづらい。
充実した定期試験対策	塾生は土曜・日曜に開催する定期試験対策授業と、平日開催のトレーニング型個別指導"F.I.T."を無料で受講できます。完全に個別の対応が可能です。	多くの大学受験予備校は学校の定期試験対策までは行わない。定期試験対策を行っているところも特定の高校に偏るなど在籍する生徒すべてには対応できていない。
授業担当による進路指導	生徒を実際に教えている講師が面談も担当します。数値データとあわせて生徒の個性を把握した最適な指導が行えます。	授業を担当しないカウンセラーが模試データにもとづいてアドバイスするのみ。

サクセス18 ここが違う!

高1からはじめれば早慶上智大合格へ!

早稲田アカデミーなら夢がかなう!

やる気を引き出す授業、夢を同じくする仲間と競い合いお互いを高める環境、全スタッフが生徒一人ひとりの個性を理解し、適切な学習法をアドバイスする指導。早稲田アカデミーなら、このシステムがあるから、**始めたときには東大や早慶上智大は夢や憧れでしかない学力でも大きく伸びて第一志望に現役合格**できるのです。

サクセス18 ここが違う!

東大、そして早慶上智大へ高い合格実績

2012年度 大学入試実績 ―― 2013年度入試の結果にもご期待ください。

東京大学67名合格!(文Ⅰ13名・理Ⅲ4名含む)

早慶上智大403名合格!

GMARCH理科大506名合格!

在籍 約1100名からの実績

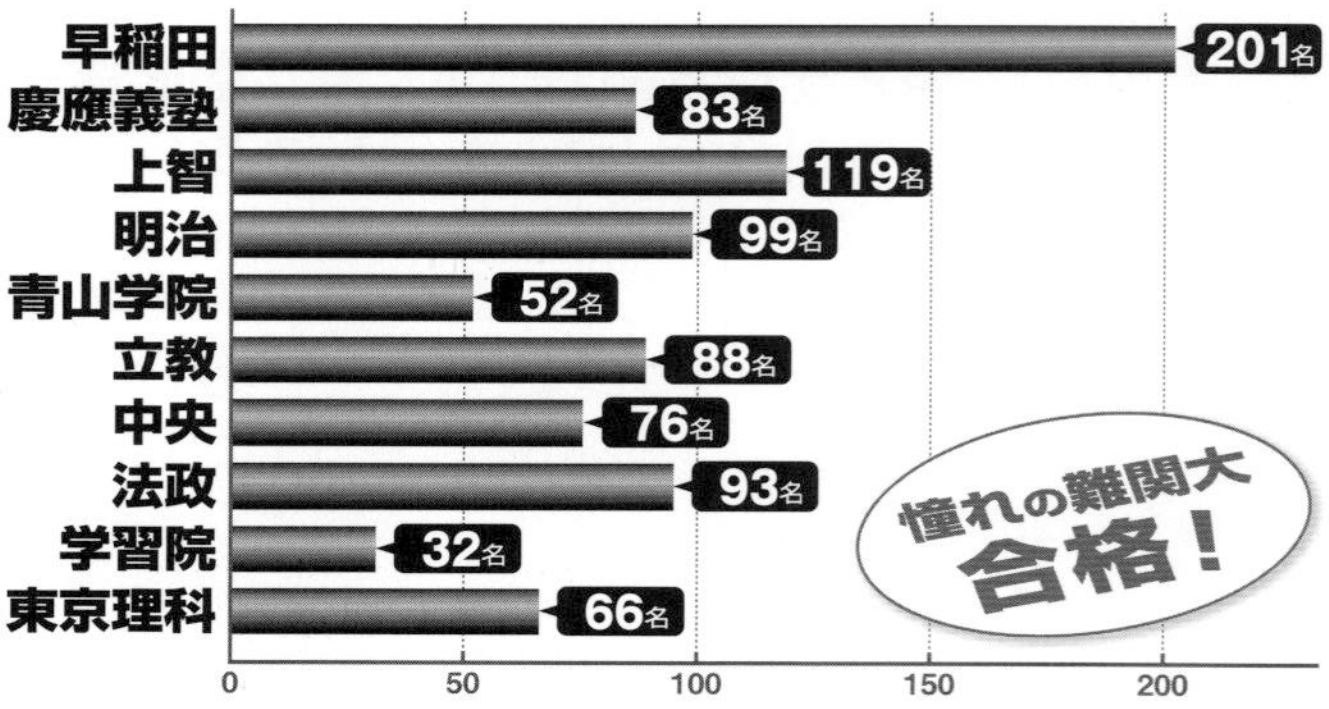

※模試受験のみの生徒は一切含まれていません。早稲田アカデミーの平常授業または志望校別クラス・冬期東大合宿に在籍し、授業に参加された方のみを対象としております。

サクセス18 ここが違う!

トレーニング個別指導F.I.T.(フィット)

君の目的に合った教材で学習し、スタッフに自由に質問できる!!

一人ひとりに合わせた個別トレーニングF.I.T.(フィット)
君の目標に合わせたカリキュラムで君の時間に合わせて学習できる!

F.I.T.は、演習トレーニングと個別指導を組み合わせたサクセス18の学力向上プログラムです。都合の良い時間を選んで、演習とアシストスタッフによる個別指導が受講できます。クラス授業の開始前の時間で学校の復習をしたり、定期テストの直前の演習をしたりとスケジュール・カリキュラムは自由自在。

得意科目を伸ばす　苦手を克服　学校成績向上

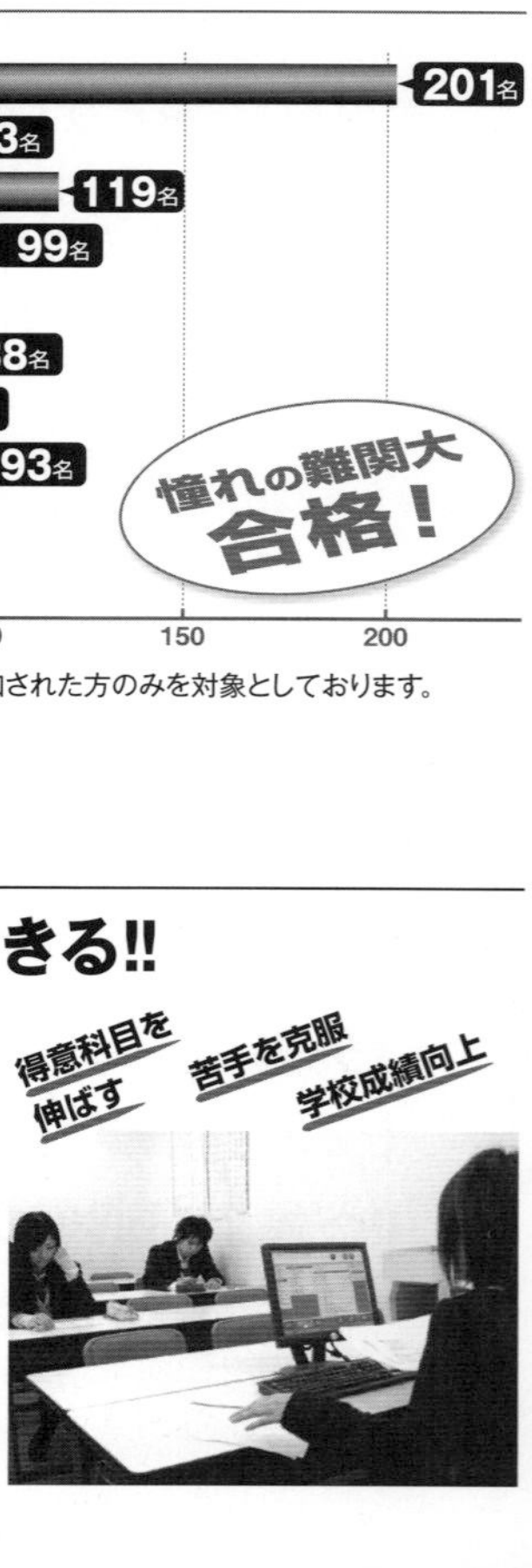

学校の定期試験範囲に合わせた演習 ＋ 塾の授業の類題演習で得点力をアップ ＋ 倫理、政経、地学などのセンター試験対策 ▶ 君だけにぴったり合わせたタイムリーな演習

塾生はすべて 無料

大学受験も 早稲田アカデミー SUCCESS18

中3生 必見!!

難関大受験のスタートは 早稲田アカデミー SUCCESS18で

現役生難関大受験専門塾サクセスエイティーン

新高1春期講習会 無料

さあ、4月からは憧れの高校1年生。

期間				
第1ターム	3/1(金) ▸ 3/21(木)	第3ターム	3/26(火) ▸ 3/29(金)
第2ターム	3/22(金) ▸ 3/25(月)	第4ターム	3/31(日) ▸ 4/3(水)

※第1タームは、校舎によって授業実施日が異なります。

最大24時間の講習会が無料で受講できます

早稲田アカデミーの大学受験部門であるサクセス18では、「私語の無い緊張感のある授業」「少人数制で発問重視の授業スタイル」「復習型の丁寧な講義」など、**早稲アカ伝統のスタイル**で、高校生のみなさんを強力にバックアップします。これから高校生になるみなさんがスムーズに高校生活のスタートを切ることが出来るように、サクセス18では**最大24時間を無料で受講できる春期講習会**をご用意しています。進度の速い高校のカリキュラムをきちんと理解しながら学習を進めていくためにも、早稲田アカデミーサクセス18で一足早いスタートを切りましょう。

難関大学合格のカギは高1からスタート!

高1で学習することが高2、高3でさらに発展していきます。扱う内容も中学の時よりも深く掘り下げて学び、「暗記ではなく思考」を重視した学習に変化していきます。さらに、高校は同じ入学試験を合格した同レベルの仲間達とのハイレベルな争いです。となれば、「先んずれば人を制す」です。春休みという高校入学前の大切な準備期間を利用して、ライバルよりも一歩リードしよう。

高1から通って夢がかなった!

高1からの在籍で偏差値65以上の早慶上智大合格者の55%は高校1年生のときには偏差値40～50台だった。

2012大学入試 早慶上智大合格者の高1生シニアテスト(英・数・国)偏差値より

新高3対象 日曜特訓 志望校別対策コース

- 東大必勝コース
- 早慶大必勝コース
- 国立大必勝コース
- 難関大必勝コース

5月スタート!

東大必勝コース 説明会&選抜試験 ネット・携帯で簡単申込み!!

4/7(日)・14(日) 説明会▶10:00～ 選抜試験▶13:30～ 参加無料

会場▶(7日)S18池袋校/(14日)S18渋谷校

国立・早慶・難関大コース 説明会&選抜試験 ネット・携帯で簡単申込み!!

4/7(日)・14(日) 説明会▶10:00～ 選抜試験▶13:30～ 参加無料

会場▶(7日)S18渋谷校・国分寺校/(14日)S18池袋校・国分寺校

- 徹底した添削システム
- 志望校別オリジナル教材
- 少人数・学力別クラス
- エキスパート講師陣

新規開校 御茶ノ水校 ……… 03-5259-0361 **新入生受付中**

本気、現役合格 早稲田アカデミー SUCCESS18

現役生難関大受験専門塾サクセスエイティーン

教務部高校課

〒171-0014 東京都豊島区池袋2-53-7

☎03(5954)3581(代)

早稲田アカデミー 検索

「高校生コース」をクリック!

http://www.waseda-ac.co.jp

池袋校	03(3986)7891(代)
御茶ノ水校	03(5259)0361(代)
渋谷校	03(3406)6251(代)
大泉学園校	03(5905)1911(代)
荻窪校	03(3391)2011(代)
国分寺校	042(328)1941(代)
調布校	042(482)0521(代)
新百合ヶ丘校	044(951)0511(代)
宮崎台校	044(855)4481(代)
大宮校	048(641)4311(代)
所沢校	04(2926)2811(代)
志木校	048(476)4901(代)

医系学部への合格ルートはこの1日からはじまる!

医歯薬大進学ガイダンス

参加無料

受験のプロに悩みを直接相談!

受験相談コーナー

個別相談のためご希望時間をご指定ください。

例年、ご好評を頂いている受験相談コーナー。入試を知りつくした野田クルゼの教務スタッフが医歯薬系大学の受験対策、推薦入試対策など、様々なご相談に応じます。
クルゼならではの豊富な資料で、志望校選びや具体的な対策方法などをアドバイスします。

＊ご希望の日時をお申し込み時にお知らせください。なるべくご希望のお時間内でご相談いただけますよう調整させていただきます。人数の都合上、ご希望に添えないこともございます。あらかじめご了承ください。

※保護者のみのご参加、高等学校の進路指導担当教員の方のご参加も歓迎いたします。

開催日程（時間内入退場自由）

日時 3/16(土)・3/24(日)・3/31(日)
4/10(水)・4/14(日)
時間は全て13:00～17:00

会場 野田クルゼ 本校

入試に直結のテーマをより深く!
小論文対策

推薦入試受験予定者必須の対策講座!
推薦入試説明

エキスパート講師が最新入試問題を解説!
入試問題分析

無料進呈! 面接情報満載!! 医系大入試の全てがわかる「ガイダンスブック」

受験生から直接ヒアリングし、各大学の入試実態を詳細にまとめた、受験対策資料集「医歯薬系入試ガイダンスブック」を無料で進呈いたします。

野田クルゼの受講生のみに配布されている非売品です。

あなたに最適な合格アドバイス!

個別カウンセリング／実力判定テスト

参加無料　完全予約制

1 お問い合わせ

まずは電話にてお問いあわせ頂くか、直接野田クルゼ現役校までご来校ください。

▶

2 実力判定テスト

正確に学力を把握し成績分析するため英語、数学各45分のテストを行います。

▶

3 個別カウンセリング

テスト終了後引き続きカウンセリングを行い、合格へ向けたアドバイスをします。

▶

授業開始
君のレベルに合った医学部対策がスタート!

開催日程
3/16(土)・3/20(水)・3/24(日)・3/30(土)
4/6(土)・4/7(日)　会場 野田クルゼ 現役校

実力判定テスト（英語・数学）	個別カウンセリング
13:15～14:45	15:00～
14:15～15:45	16:00～
15:15～16:45	17:00～
16:15～17:45	18:00～

新高1 春期講習 英語・数学 無料

春から医学部受験対策をスタートしてライバルに差をつけよう!

医学部へ合格するためには、全ての入試科目において圧倒的な学力が絶対に必要です。新学期から理想的なスタートを切るためにも春期講習から確実な医学部専用の学習方式を習得して合格までの最短距離を進みましょう。

第1ターム 3/22(金)～3/25(月)
第2ターム 3/26(火)～3/29(金)
第3ターム 3/31(日)～4/3(水)

新高2・高3 春期講習 英語・数学・物理・化学・生物

医学部受験専門の春期講習会で新学期までに一気に成績を上げよう

野田クルゼの春期講習会は1講座4日間ごとのターム制です。全ての講座が単元ごとに選択できる完全単科制ですから、あなたに必要な科目や単元を1講座から自由に選択できます。忙しいあなたにも受講しやすい環境です。

第1ターム 3/26(火)～3/29(金)
第2ターム 3/31(日)～4/3(水)

新高1生の時間割

第1ターム	10:00～11:30	11:40～13:10	13:40～15:10	15:20～16:50
3/22～3/25	英語 R-TK	英語 G-TK	数学α -TK	数学β -TK
	英語 R-PM	英語 G-PM	数学α -PM	数学β -PM
第2ターム	13:40～15:10	15:20～16:50	17:10～18:40	18:50～20:20
3/26～3/29	英語 R-TK	英語 G-TK	数学α -TK	数学β -TK
	英語 R-PM	英語 G-PM	数学α -PM	数学β -PM
第3ターム	13:40～15:10	15:20～16:50	17:10～18:40	18:50～20:20
3/31～4/3	英語 R-TK	英語 G-TK	数学α -TK	数学β -TK
	英語 R-PM	英語 G-PM	数学α -PM	数学β -PM

新高2生の時間割

第1ターム	13:40～15:10	15:20～16:50	17:10～18:40	18:50～20:20
3/26～3/29			英語 R-TK	英語 G-TK
			英語 R-PM	英語 G-PM
第2ターム	13:40～15:10	15:20～16:50	17:10～18:40	18:50～20:20
3/31～4/3	数学α -TK	数学β -TK	化学	生物
	数学α -PM	数学β -PM		物理

新高3生の時間割

第1ターム	13:40～15:10	15:20～16:50	17:10～18:40	18:50～20:20
3/26～3/29	数学α -TK	数学β -TK	化学	物理
	数学α -PM	数学β -PM		生物
第2ターム	13:40～15:10	15:20～16:50	17:10～18:40	18:50～20:20
3/31～4/3			英語 R-TK	英語 G-TK
			英語 R-PM	英語 G-PM

TK：千葉大、筑波大、医科歯科大などを中心に受験を考えている皆さんのためのクラスです。　**新学期4/8（月）開講となります。**
PM：私立大医学部を中心に受験を考えている皆さんのためのクラスです。

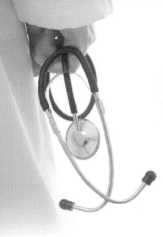

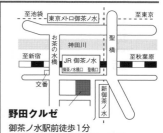

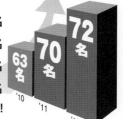

特別展
「鳥山明 The World of DRAGON BALL」
3月27日(水)～4月15日(月)
日本橋髙島屋

©バードスタジオ／集英社

超美麗な原画で彩られた史上最強のドラゴンボール原画展

単行本は全世界で２億3000万部、テレビアニメは40カ国以上で放映されている鳥山明の代表作「DRAGON BALL」。その「DRAGON BALL」の劇場版アニメ「DRAGON BALL Z 神と神」が17年ぶりに公開記念されるのを記念して「鳥山明とDRAGON BALL」の世界が開かれる。コミック原画、カラーイラスト、アニメのセル画・資料など約300点を一堂に公開している貴重な展覧会だ。

写真
夜明けまえ 知られざる日本写真開拓史 北海道・東北編
3月5日(火)～5月6日(月・祝)
東京都写真美術館　3階展示室

田本研造ヵ《箱館市中取締裁判局頭取　土方歳三》明治二年頃撮影　函館市立中央図書館蔵(部分)
※後期(4/9-5/6)展示作品

幕末から明治にかけて息づく北海道・東北の人々の息吹を

「夜明けまえ 知られざる日本写真開拓史」は、日本各地の美術館、博物館、資料館などの公共機関が所蔵する幕末～明治期の写真・資料を調査し、体系化する試み。第４弾となる「北海道・東北編」では、北海道・東北の約2400の施設へのアンケート調査と学芸員の現地調査が行われ、この時代における各地方の写真の意味や意義がさまざまな資料によって見出されている。

特別展
ちびまる子ちゃんの世界展
2月8日(金)～4月7日(日)
放送ライブラリー

©さくらプロダクション／日本アニメーション

国民的アニメ「ちびまる子ちゃん」の魅力あふれる世界

日曜６時放映と言えばだれもがわかるほど、国民的アニメとして人気を博している「ちびまる子ちゃん」。この展覧会では、アニメができるまでの制作現場を写真や映像で紹介するほか、さくら家の玄関を再現した写真スポット、実際のテレビ放送で使用されたセル画、作者・さくらももこ直筆の「友蔵心の俳句」などが展示される。長きにわたり愛される「ちびまる子ちゃん」の魅力があふれている。入場無料。

サクセス イベント スケジュール
3月～4月
世間で注目のイベントを紹介

桜

日本人にとって特別な花の１つである桜。古くは古事記にも登場し、長い間日本人の心を捉えている。しかし、いまのお花見の習慣が広まったのは江戸時代と、意外と歴史は浅い。徳川吉宗が庶民でも楽しめるように桜の木を各地に植えたことがきっかけ。

イベント
第６回アフリカンフェスティバル よこはま2013
4月5日(金)～7日(日)
横浜赤レンガ倉庫1号館

まるでアフリカにいるような体感ができる1日

日本とアフリカとの文化の架け橋を基本理念に企画された「アフリカンフェスティバルよこはま」。2013年には第５回アフリカ開発会議(TICAD Ⅴ)が横浜で開催され、横浜とアフリカとの交流がますます盛んになっている。今年で第６回を迎え、来場者も年々増加。アフリカ各国の情報満載の大使館コーナーや、音楽や踊りのステージ、アフリカ料理のフードコートなど、まるでアフリカにいるような体験ができる。

歴史
2013年NHK大河ドラマ 特別展 「八重の桜」
3月12日(火)～5月6日(月・祝)
東京都江戸東京博物館

肖像写真　新島八重　明治21年(1888)撮影　同志社大学同志社社史資料センター蔵　4／27～5／6

特別展「八重の桜」の観覧券を5組10名様にプレゼントします。応募方法は71ページを参照。

幕末から明治を生き抜いたハンサムウーマン

会津藩の砲術師範であった山本権八の子として生まれ、会津藩士とともに戊辰戦争を戦った八重。その後、京都に移り、同志社大学の創立者となる新島襄と出会う。今年のNHK大河ドラマ「八重の桜」は、新島襄が「ハンサム」と称した新島八重の一生を追っていく。この展覧会ではNHK大河ドラマ「八重の桜」と連動して、同時代の新島八重ゆかりの品々を約200点紹介する。

イベント
宝探しゲーム in 所沢
3月2(土)～5月6日(月・祝)
所沢市内

悪党から伝説の秘宝を守るため謎の暗号を解き秘宝を探し出せ

所沢市と西武園ゆうえんちによる体験型の宝探しゲーム。参加者は特捜部隊となり、所沢に伝わる伝説の秘宝(トールハンマー)を悪党から守るために、秘宝を探し出す。まずは、所沢市内で配布されている宝の地図(参加チラシ・ダウンロード可)をゲットしよう！　謎の暗号を解読して所沢市内に隠された宝箱を発見し、発見報告所に報告すると抽選で素敵な賞品をもらえるぞ！

ご提案型の教育旅行会社って？

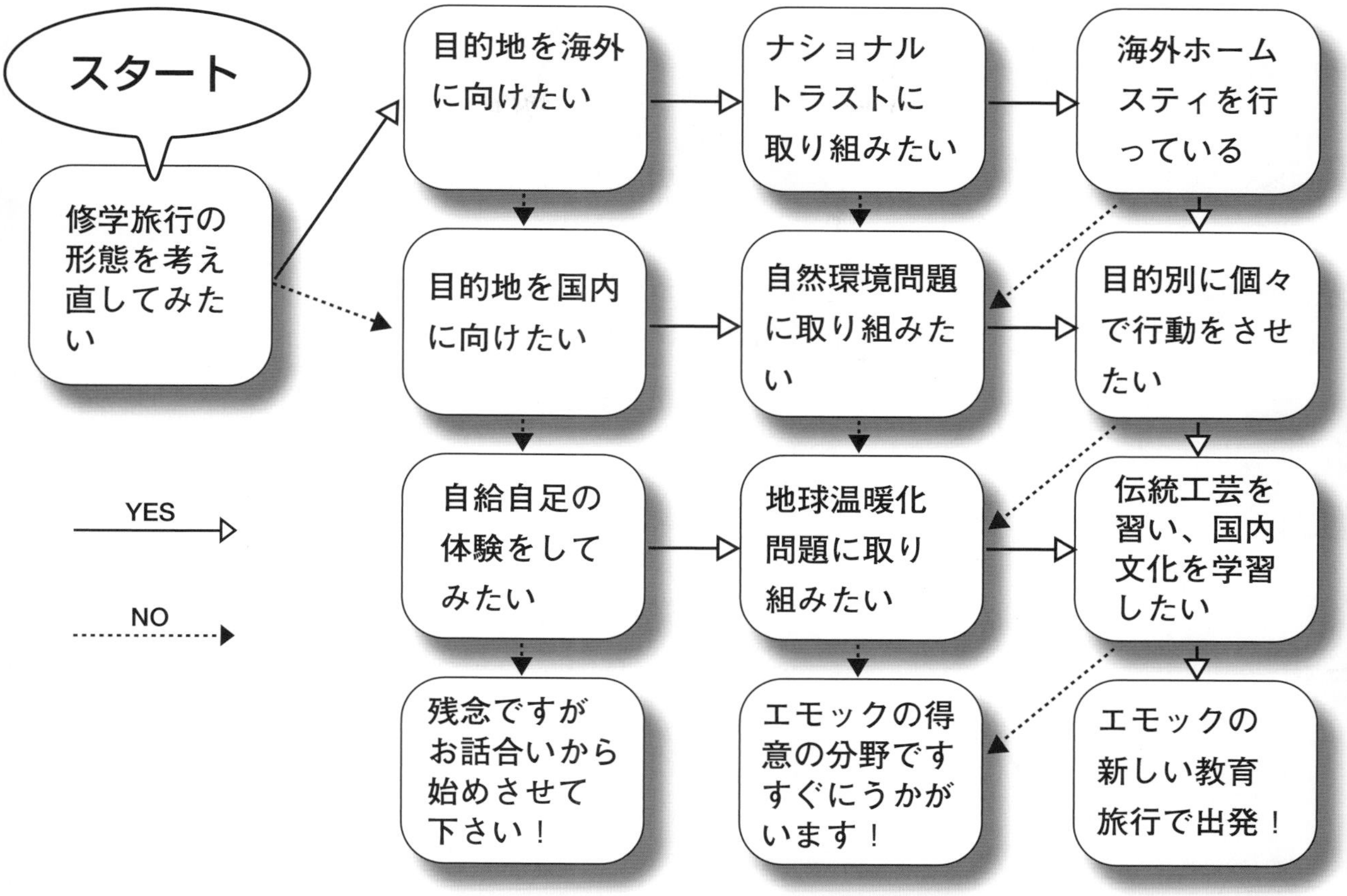
スタート
修学旅行の形態を考え直してみたい
目的地を海外に向けたい
ナショナルトラストに取り組みたい
海外ホームスティを行っている
目的地を国内に向けたい
自然環境問題に取り組みたい
目的別に個々で行動をさせたい
自給自足の体験をしてみたい
地球温暖化問題に取り組みたい
伝統工芸を習い、国内文化を学習したい
残念ですがお話合いから始めさせて下さい！
エモックの得意の分野ですすぐにうかがいます！
エモックの新しい教育旅行で出発！
YES
NO

従来の名所旧跡を訪ねる修学旅行から、最近ではさまざまなテーマを生徒個々または小グループごとにコンセプトメークしひとつの社会貢献の一環として、位置づける学習旅行へと形態移行しつつあります。

小社では国内及び海外の各種特殊業界視察旅行を長年の経験と実績で培い、これらのノウハウを学校教育の現場で取り入れていただき、保護者、先生、生徒と一体化した旅行づくりを行っております。

一例

- 海、山、川の動物、小動物の生態系研究
- 春の田植えと秋の収穫体験、自給自足のキャンプ
- 生ごみ処理、生活廃水、産業廃棄物、地球温暖化などの環境問題研究
- ナショナルトラスト（環境保全施設、自然環境、道の駅、ウォーキング）
- 語学研修（ホームスティ、ドミトリー、チューター付研修）など

[取扱旅行代理店]　**（株）エモック・エンタープライズ**

担当：山本／半田

国土交通大臣登録旅行業第1144号
日本旅行業協会正会員（JATA）
東京都港区西新橋1-19-3　第２双葉ビル２階
☎ 03-3507-9777（代）
E-mail:amok-enterprise@amok.co.jp
URL:http://www.amok.co.jp/

Success15 Back Number

2013 3月号

みんなの視野が広がる！
海外修学旅行特集
部屋を片づけ、頭もスッキリ

SCHOOL EXPRESS
早稲田実業学校

Focus on
東京都立日比谷

2013 2月号

これで安心
受験直前マニュアル
知っておきたい2013こんな年！

SCHOOL EXPRESS
城北埼玉

Focus on
神奈川県立横浜緑ヶ丘

2013 1月号

冬休みにやろう！
過去問活用術
お守りに関する深イイ話

SCHOOL EXPRESS
中央大学

Focus on
埼玉県立越谷北

2012 12月号

大学キャンパスツアー特集
憧れの大学を見に行こう！
高校生になったら留学しよう

SCHOOL EXPRESS
筑波大学附属駒場

Focus on
東京都立青山

2012 11月号

効果的に憶えるための
9つのアドバイス
特色ある学校行事

SCHOOL EXPRESS
成城

Focus on
神奈川県立柏陽

2012 10月号

専門学科で深く学ぼう
数学オリンピックに挑戦!!

SCHOOL EXPRESS
日本大学第二

Focus on
東京都立両国

2012 9月号

まだ間に合うぞ!!
本気の2学期!!
都県別運動部強豪校!!

SCHOOL EXPRESS
巣鴨

Focus on
千葉県立佐倉

2012 8月号

夏にまとめて理科と社会
入試によく出る著者別読書案内

SCHOOL EXPRESS
國學院大學久我山

Focus on
東京都立西

2012 7月号

高校入試の疑問点15
熱いぜ！　体育祭！

SCHOOL EXPRESS
開智

Focus on
神奈川県立湘南

2012 6月号

難関校・公立校の
入試問題分析2012
やる気がUPする文房具

SCHOOL EXPRESS
専修大学松戸

Focus on
埼玉県立川越

2012 5月号

先輩に聞く
難関校合格のヒミツ!!
「学校クイズ」に挑戦!!

SCHOOL EXPRESS
筑波大学附属

Focus on
東京都立小山台

2012 4月号

私立の雄 慶應を知ろう！
四字熟語・ことわざ・
故事成語

SCHOOL EXPRESS
本郷

Focus on
千葉県立千葉東

2012 3月号

いざっ！ 都の西北早稲田へ
勉強が楽しくなる雑学
【理科編】

SCHOOL EXPRESS
豊島岡女子学園

Focus on
東京都立三田

2012 2月号

入試直前対策特集
受験生に贈る名言集

SCHOOL EXPRESS
春日部共栄

Focus on
千葉市立稲毛

2012 1月号

中3生向け冬休みの勉強法
東大生に聞く
入試直前の過ごし方

SCHOOL EXPRESS
法政大学

Focus on
神奈川県立多摩

2011 12月号

よくわかる推薦入試
見て触って学べる
施設特集！

SCHOOL EXPRESS
中央大学横浜山手

Focus on
埼玉県立大宮

2011 11月号

苦手克服！
図形問題をやっつけよう
集中力アップ法！

SCHOOL EXPRESS
江戸川学園取手

Focus on
東京都立新宿

サクセス15 バックナンバー 好評発売中!

How to order バックナンバーのお求めは

バックナンバーのご注文は電話・FAX・ホームページにてお受けしております。詳しくは84ページの「information」をご覧ください。

これより前のバックナンバーはホームページでご覧いただけます（http://success.waseda-ac.net/）

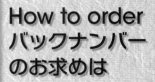

編集後記

今年度の受験が終わりました。受験を終えて新しい生活へ進む人がいる一方、学年が変わり、新たに受験生となるみなさんがいます。これからの１年、自分の目標に向かって、一歩一歩進んでいってください。

今月の特集は、新たに受験生となるみなさんが、楽しく、さまざまな学校に興味を持てる内容となっています。特集１は、早稲田大・慶應義塾大特集です。２大有名私立大学の早稲田大と慶應義塾大の素顔について、それぞれの在学生にお話を伺いました。特集２は学校クイズです。みなさんクイズには答えられましたか？　クイズに挑戦して、いままで知らなかった学校にも興味を持ってくれればうれしいです。（N）

Information

『サクセス15』は全国の書店にてお買い求めいただけますが、万が一、書店店頭に見当たらない場合は、書店にてご注文いただくか、弊社販売部、もしくはホームページ（下記）よりご注文ください。送料弊社負担にてお送りします。

定期購読をご希望いただく場合も、上記と同様の方法でご連絡ください。

Opinion, Impression & etc

本誌をお読みになられてのご感想・ご意見・ご提言などがありましたら、ぜひ当編集室までお声をお寄せください。また、「こんな記事が読みたい」というご要望や、「こういうときはどうしたらいいの」といったご質問などもお待ちしております。今後の参考にさせていただきますので、よろしくお願いいたします。

サクセス編集室

TEL 03-5939-7928

FAX 03-5939-6014

高校受験ガイドブック2013［4］ サクセス15

発行　2013年3月15日　初版第一刷発行

発行所　株式会社グローバル教育出版

〒101-0047 東京都千代田区内神田2-4-2

TEL　03-3253-5944

FAX　03-3253-5945

http://success.waseda-ac.net

e-mail　success15@g-ap.com

郵便振替　00130-3-779535

編集　サクセス編集室

編集協力　株式会社 早稲田アカデミー

Success15

4月号

Next Issue

5月号は…

Special 1

難関校合格者インタビュー

Special 2

英語がもっと好きになる本

School Express

山手学院高等学校

Focus on

東京都立戸山高等学校